Mes contacts importants

Nom :

Prénom :

Tel :

Nom :

Prénom :

Tel :

Nom :

Prénom :

Tel :

Nom :

Prénom :

Tel :

Nom :

Prénom :

Tel :

Nom :

Prénom :

Tel :

Nom :

Prénom :

Tel :

Nom :

Prénom :

Tel :

Qui je suis ?

" "

" "

" "

" "

" "

" "

" "

" "

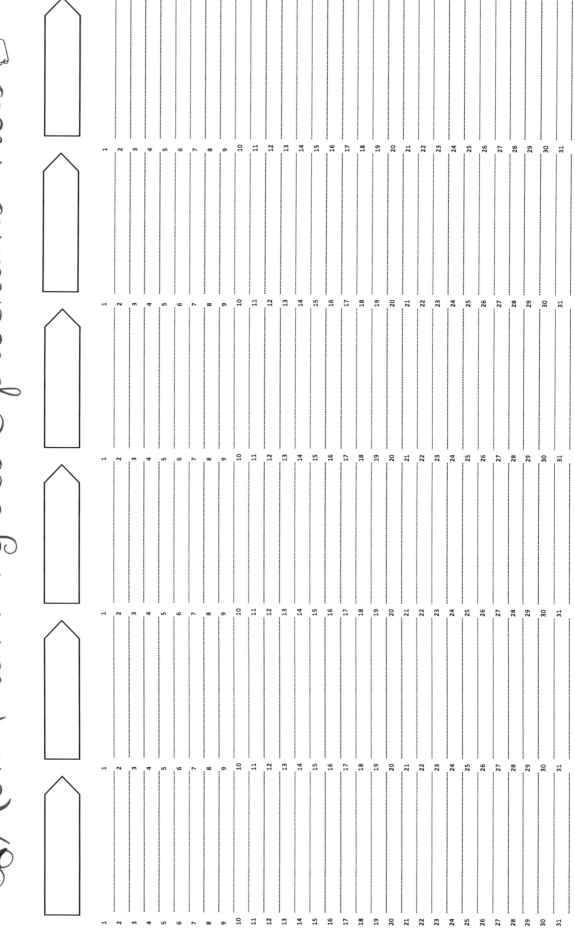

Mon Planning des 6 prochains mois

Mon budget

Mois / Semaine	....	....	....	....	....
1	...............h	...............h	...............h	...............h	...............h
2	...............h	...............h	...............h	...............h	...............h
3	...............h	...............h	...............h	...............h	...............h
4	...............h	...............h	...............h	...............h	...............h
5	...............h	...............h	...............h	...............h	...............h
Total h :	.............h	.............h	.............h	.............h	.............h
Total € :	............€	............€	............€	............€	............€
Réglé le :	__/__/__	__/__/__	__/__/__	__/__/__	__/__/__

Mois / Semaine	....	....	....	....	....
1	...............h	...............h	...............h	...............h	...............h
2	...............h	...............h	...............h	...............h	...............h
3	...............h	...............h	...............h	...............h	...............h
4	...............h	...............h	...............h	...............h	...............h
5	...............h	...............h	...............h	...............h	...............h
Total h :	.............h	.............h	.............h	.............h	.............h
Total € :	............€	............€	............€	............€	............€
Réglé le :	__/__/__	__/__/__	__/__/__	__/__/__	__/__/__

Mois / Semaine	....	....	....	....	....
1	...............h	...............h	...............h	...............h	...............h
2	...............h	...............h	...............h	...............h	...............h
3	...............h	...............h	...............h	...............h	...............h
4	...............h	...............h	...............h	...............h	...............h
5	...............h	...............h	...............h	...............h	...............h
Total h :	.............h	.............h	.............h	.............h	.............h
Total € :	............€	............€	............€	............€	............€
Réglé le :	__/__/__	__/__/__	__/__/__	__/__/__	__/__/__

Traitement

Médicament	Dose	Posologie	Fréquence

Mes habitudes du mois de _____

J'ai besoin de
ma sucette  Moi, je suis grand
pas de sucette

 Je dors toutes les : __h

Pour dormir, il me faut :

_____

_____

Je mange toutes les :__h

En ce moment, je mange (type, dosage, intolérence etc...) :

_____

_____

_____

En ce moment , j'aime beaucoup :

_____

_____

_____

_____

_____

Mes habitudes du mois de _____

J'ai besoin de
ma sucette

Moi, je suis grand
pas de sucette

Je dors toutes les : __ h

Pour dormir, il me faut :

_____

_____

Je mange toutes les :__ h

En ce moment, je mange (type, dosage, intolérence etc...) :

_____

_____

_____

_____

En ce moment , j'aime beaucoup :

_____

_____

_____

_____

_____

Mes habitudes du mois de _____

J'ai besoin de
ma sucette  Moi, je suis grand
pas de sucette

 Je dors toutes les : _ _h

Pour dormir, il me faut :

_____

_____

Je mange toutes les :_ _h

En ce moment, je mange (type, dosage, intolérence etc...) :

_____

_____

_____

En ce moment , j'aime beaucoup :

_____

_____

_____

_____

Mes habitudes du mois de _____

J'ai besoin de
ma sucette

Moi, je suis grand
pas de sucette

Je dors toutes les : __h

Pour dormir, il me faut :

_____

_____

Je mange toutes les :__h

En ce moment, je mange (type, dosage, intolérence etc...) :

_____

_____

_____

_____

En ce moment , j'aime beaucoup :

_____

_____

_____

_____

Mes habitudes du mois de _____

J'ai besoin de
ma sucette

Moi, je suis grand
pas de sucette

Je dors toutes les : __h

Pour dormir, il me faut :

_____

_____

Je mange toutes les :__h

En ce moment, je mange (type, dosage, intolérence etc...) :

_____

_____

_____

En ce moment , j'aime beaucoup :

_____

_____

_____

_____

Mes habitudes du mois de _____

J'ai besoin de
ma sucette  Moi, je suis grand
pas de sucette

 Je dors toutes les : __h

Pour dormir, il me faut :

_____

_____

Je mange toutes les :__h

En ce moment, je mange (type, dosage, intolérence etc...) :

_____

_____

_____

_____

En ce moment , j'aime beaucoup :

_____

_____

_____

_____

Date : Arrivée : __ h __ Départ : __ h __

PARENT -> NOUNOU

J'ai dormi : _____ jusqu'à : __ h __ changé à : __ h __

Mon dernier repas à : __ h __ Type : _____ ML/OZ

En ce moment, je mange : _____

Je suis :

Il me faut un traitement : Non Oui (Page 3)

NOUNOU -> PARENT

REPAS

COUCHES DESCRIPTION

ML/OZ DESCRIPTION

__ h __ _____

__ h __ _____

__ h __ _____

__ h __ _____

__ h __ _____

__ h __ _____

__ h __ ____ _____

__ h __ ____ _____

__ h __ ____ _____

__ h __ ____ _____

__ h __ ____ _____

__ h __ ____ _____

DODO DESCRIPTION

__ h __ _____

__ h __ _____

__ h __ _____

__ h __ _____

__ h __ _____

__ h __ _____

ANECDOTE/ PRÉOCCUPATION :

_____

_____

_____

_____

_____

_____

A FOURNIR :

_____

_____

_____

HUMEUR :

Date :　　　　　　　Arrivée : __ h __　　　　Départ : __ h __

PARENT -> NOUNOU

J'ai dormi : _____　　jusqu'à : __ h __　changé à : __ h __

Mon dernier repas à : __ h __　　Type : _____ ML/OZ

En ce moment, je mange : _____

Je suis :　　🦷　🔪　👃　🩹　👂➕　👶　💉

Il me faut un traitement :　Non　Oui (Page 3)

NOUNOU -> PARENT

COUCHES
DESCRIPTION

__ h __　● ●　_____
__ h __　● ●　_____
__ h __　● ●　_____
__ h __　● ●　_____
__ h __　● ●　_____
__ h __　● ●　_____

REPAS
ML/OZ　　　DESCRIPTION

__ h __　🍼 ____　🍽 _____
__ h __　🍼 ____　🍽 _____
__ h __　🍼 ____　🍽 _____
__ h __　🍼 ____　🍽 _____
__ h __　🍼 ____　🍽 _____
__ h __　🍼 ____　🍽 _____

DODO
DESCRIPTION

__ h __　_____
__ h __　_____
__ h __　_____
__ h __　_____
__ h __　_____
__ h __　_____

ANECDOTE/ PRÉOCCUPATION :

_____
_____
_____
_____
_____
_____

A FOURNIR :

_____
_____
_____

HUMEUR :

😐 😴 😣 😫 😊 😢 😑 🤒

Date :　　　　　　Arrivée : __ h __　　　Départ : __ h __

PARENT -> NOUNOU

J'ai dormi : _____　jusqu'à : __ h __　changé à : __ h __

Mon dernier repas à : __ h __　　Type : _____ ML/OZ

En ce moment, je mange : _____

Je suis : 🦷 🥕 👃 🩹 👂 👶 💉

Il me faut un traitement :　Non　Oui (Page 3)

NOUNOU -> PARENT

REPAS

COUCHES 💩 💧　DESCRIPTION

__ h __　⬤ ⬤　_____
__ h __　⬤ ⬤　_____
__ h __　⬤ ⬤　_____
__ h __　⬤ ⬤　_____
__ h __　⬤ ⬤　_____
__ h __　⬤ ⬤　_____

ML/OZ　　　　DESCRIPTION

__ h __　🍼 ____　🍽 _____
__ h __　🍼 ____　🍽 _____
__ h __　🍼 ____　🍽 _____
__ h __　🍼 ____　🍽 _____
__ h __　🍼 ____　🍽 _____
__ h __　🍼 __　🍽 _____

DODO 😴　DESCRIPTION

__ h __　_____
__ h __　_____
__ h __　_____
__ h __　_____
__ h __　_____
__ h __　_____

ANECDOTE/ PRÉOCCUPATION :

_____
_____
_____
_____
_____
_____

A FOURNIR :

_____
_____
_____

HUMEUR :

😳 😴 😣 😤 😊 😢 😐 🤒

Date : Arrivée : __ h __ Départ : __ h __

PARENT -> NOUNOU

J'ai dormi : _____ jusqu'à : __ h __ changé à : __ h __

Mon dernier repas à : __ h __ Type : _____ ML/OZ

En ce moment, je mange : _____

Je suis : 🦷 💩 👃 🩹 👂 👶 💉

Il me faut un traitement : Non Oui (Page 3)

NOUNOU -> PARENT

COUCHES 💩 💧 DESCRIPTION

__ h __ ⚫ ⚫ _____

__ h __ ⚫ ⚫ _____

__ h __ ⚫ ⚫ _____

__ h __ ⚫ ⚫ _____

__ h __ ⚫ ⚫ _____

__ h __ ⚫ ⚫ _____

REPAS

	ML/OZ		DESCRIPTION
__ h __	🍼 ____	🍽	_____
__ h __	🍼 ____	🍽	_____
__ h __	🍼 ____	🍽	_____
__ h __	🍼 ____	🍽	_____
__ h __	🍼 ____	🍽	_____
__ h __	🍼 ____	🍽	_____

DODO 😴 DESCRIPTION

__ h __ _____

__ h __ _____

__ h __ _____

__ h __ _____

__ h __ _____

__ h __ _____

ANECDOTE/ PRÉOCCUPATION :

_____

_____

_____

_____

_____

_____

A FOURNIR :

_____

_____

_____

HUMEUR :

😟 😴 😣 😨 😊 😤 😐 🤒

Date : Arrivée : __ h __ Départ : __ h __

PARENT -> NOUNOU

J'ai dormi : _____ jusqu'à : __ h __ changé à : __ h __

Mon dernier repas à : __ h __ Type : _____ ML/OZ

En ce moment, je mange : _____

Je suis : 🦷 🫛 👃 🩹 👂 👶 💉

Il me faut un traitement : Non Oui (Page 3)

NOUNOU -> PARENT

COUCHES 💩 💧 DESCRIPTION

__ h __ ⚫ ⚫ _____
__ h __ ⚫ ⚫ _____
__ h __ ⚫ ⚫ _____
__ h __ ⚫ ⚫ _____
__ h __ ⚫ ⚫ _____
__ h __ ⚫ ⚫ _____

REPAS

	ML/OZ		DESCRIPTION
__ h __	🍼 ____	🍽	_____
__ h __	🍼 ____	🍽	_____
__ h __	🍼 ____	🍽	_____
__ h __	🍼 ____	🍽	_____
__ h __	🍼 ____	🍽	_____
__ h __	🍼 ____	🍽	_____

DODO 😴 DESCRIPTION

__ h __ _____
__ h __ _____
__ h __ _____
__ h __ _____
__ h __ _____
__ h __ _____

ANECDOTE/ PRÉOCCUPATION :

_____
_____
_____
_____
_____
_____

A FOURNIR :

_____
_____
_____

HUMEUR :

😳 😴 😤 😰 😊 😢 😑 🤒

Date :   Arrivée : __ h __   Départ : __ h __

PARENT -> NOUNOU

J'ai dormi : _____   jusqu'à : __ h __   changé à : __ h __

Mon dernier repas à : __ h __   Type : _____ ML/OZ

En ce moment, je mange : _____

Je suis :

Il me faut un traitement :   Non   Oui (Page 3)

NOUNOU -> PARENT

COUCHES

	DESCRIPTION
__ h __ ● ●	_____
__ h __ ● ●	_____
__ h __ ● ●	_____
__ h __ ● ●	_____
__ h __ ● ●	_____
__ h __ ● ●	_____

REPAS

	ML/OZ	DESCRIPTION
__ h __	----	_____
__ h __	----	_____
__ h __	----	_____
__ h __	----	_____
__ h __	----	_____
__ h __		

DODO

	DESCRIPTION
__ h __	_____
__ h __	_____
__ h __	_____
__ h __	_____
__ h __	_____
__ h __	

ANECDOTE/ PRÉOCCUPATION :

_____

_____

_____

_____

_____

_____

A FOURNIR :

_____

_____

_____

HUMEUR :

Date :   Arrivée : __ h __   Départ : __ h __

PARENT -> NOUNOU

J'ai dormi : _____   jusqu'à : __ h __   changé à : __ h __

Mon dernier repas à : __ h __   Type : _____ ML/OZ

En ce moment, je mange : _____

Je suis :   🦷   🥒   👃   🩹   👂   👶   💉

Il me faut un traitement :   Non   Oui (Page 3)

NOUNOU -> PARENT

COUCHES

			DESCRIPTION
__ h __	●	●	_____
__ h __	●	●	_____
__ h __	●	●	_____
__ h __	●	●	_____
__ h __	●	●	_____
__ h __	●	●	_____

REPAS

	ML/OZ		DESCRIPTION
__ h __	🍼 ____	🍽	_____
__ h __	🍼 ____	🍽	_____
__ h __	🍼 ____	🍽	_____
__ h __	🍼 ____	🍽	_____
__ h __	🍼 ____	🍽	_____
__ h __	🍼 ____	🍽	_____

DODO

	DESCRIPTION
__ h __	_____
__ h __	_____
__ h __	_____
__ h __	_____
__ h __	_____
__ h __	_____

ANECDOTE/ PRÉOCCUPATION :

_____

_____

_____

_____

_____

_____

A FOURNIR :

_____

_____

_____

HUMEUR :

😳 😴 🤧 😫 😊 🤪 😄 🤒

Date :   Arrivée : __ h __   Départ : __ h __

PARENT -> NOUNOU

J'ai dormi : _____   jusqu'à : __ h __   changé à : __ h __

Mon dernier repas à : __ h __   Type : _____ ML/OZ

En ce moment, je mange : _____

Je suis :   🦷   💩   👃   🩹   👂   👶   💉

Il me faut un traitement :   Non   Oui (Page 3)

NOUNOU -> PARENT

COUCHES

		DESCRIPTION
__ h __	● ●	_____
__ h __	● ●	_____
__ h __	● ●	_____
__ h __	● ●	_____
__ h __	● ●	_____
__ h __	● ●	_____

REPAS

	ML/OZ		DESCRIPTION
__ h __	🍼 ____	🍽	_____
__ h __	🍼 ____	🍽	_____
__ h __	🍼 ____	🍽	_____
__ h __	🍼 ____	🍽	_____
__ h __	🍼 ____	🍽	_____
__ h __	🍼 ____	🍽	_____

DODO

	DESCRIPTION
__ h __	_____
__ h __	_____
__ h __	_____
__ h __	_____
__ h __	_____
__ h __	_____

ANECDOTE/ PRÉOCCUPATION :

_____

_____

_____

_____

_____

_____

A FOURNIR :

_____

_____

_____

HUMEUR :

😮 😴 😣 😠 😊 😫 😐 😋

Date :   Arrivée : __ h __   Départ : __ h __

PARENT -> NOUNOU

J'ai dormi : _____ jusqu'à : __ h __   changé à : __ h __

Mon dernier repas à : __ h __   Type : _____ ML/OZ

En ce moment, je mange : _____

Je suis :

Il me faut un traitement : Non   Oui (Page 3)

NOUNOU -> PARENT

COUCHES   DESCRIPTION

__ h __   ● ●   ....

__ h __   ● ●   ....

__ h __   ● ●   ....

__ h __   ● ●   ....

__ h __   ● ●   ....

__ h __   ● ●   ....

REPAS

ML/OZ   DESCRIPTION

__ h __   ____   _____

__ h __   ____   _____

__ h __   ____   _____

__ h __   ____   _____

__ h __   ____   _____

__ h __   ____   _____

DODO   DESCRIPTION

__ h __   _____

__ h __   _____

__ h __   _____

__ h __   _____

__ h __   _____

__ h __   _____

ANECDOTE/ PRÉOCCUPATION :

_____

_____

_____

_____

_____

_____

A FOURNIR :

_____

_____

_____

HUMEUR :

Date : _____   Arrivée : __ h __   Départ : __ h __

PARENT -> NOUNOU

J'ai dormi : _____ jusqu'à : __ h __ changé à : __ h __

Mon dernier repas à : __ h __   Type : _____ ML/OZ

En ce moment, je mange : _____

Je suis : 🦷 🍼 👃 🩹 👂➕ 👶 💉

Il me faut un traitement : Non   Oui (Page 3)

NOUNOU -> PARENT

COUCHES

		DESCRIPTION
__ h __	● ●	_____
__ h __	● ●	_____
__ h __	● ●	_____
__ h __	● ●	_____
__ h __	● ●	_____
__ h __	● ●	_____

REPAS

	ML/OZ		DESCRIPTION
__ h __	🍼 _____	🍽	_____
__ h __	🍼 _____	🍽	_____
__ h __	🍼 _____	🍽	_____
__ h __	🍼 _____	🍽	_____
__ h __	🍼 _____	🍽	_____
__ h __	🍼	🍽	

DODO

	DESCRIPTION
__ h __	_____
__ h __	_____
__ h __	_____
__ h __	_____
__ h __	_____
__ h __	

ANECDOTE/ PRÉOCCUPATION :

_____

_____

_____

_____

_____

_____

A FOURNIR :

_____

_____

_____

HUMEUR :

😳 😴 😣 😢 😊 😤 😐 🤕

Date :   Arrivée : __ h __   Départ : __ h __

PARENT -> NOUNOU

J'ai dormi : _____   jusqu'à : __ h __   changé à : __ h __

Mon dernier repas à : __ h __   Type : _____ ML/OZ

En ce moment, je mange : _____

Je suis :   🦷 🥕 👃 🩹 👂 👶 💉

Il me faut un traitement :   Non   Oui (Page 3)

NOUNOU -> PARENT

COUCHES 💩 💧   DESCRIPTION

__ h __   ● ●   _____
__ h __   ● ●   _____
__ h __   ● ●   _____
__ h __   ● ●   _____
__ h __   ● ●   _____
__ h __   ● ●   _____

REPAS

	ML/OZ	DESCRIPTION
__ h __ 🍼 ____ 🍽	_____
__ h __ 🍼 ____ 🍽	_____
__ h __ 🍼 ____ 🍽	_____
__ h __ 🍼 ____ 🍽	_____
__ h __ 🍼 ____ 🍽	_____
__ h __ 🍼 ____ 🍽	_____

DODO 😴   DESCRIPTION

__ h __   _____
__ h __   _____
__ h __   _____
__ h __   _____
__ h __   _____
__ h __   _____

ANECDOTE/ PRÉOCCUPATION :

_____
_____
_____
_____
_____
_____

A FOURNIR :

_____
_____
_____

HUMEUR :

😳 😴 😠 😭 😊 🤢 😐 🤒

Date :   Arrivée : __ h __   Départ : __ h __

PARENT -> NOUNOU

J'ai dormi : _____   jusqu'à : __ h __   changé à : __ h __

Mon dernier repas à : __ h __   Type : _____ ML/OZ

En ce moment, je mange : _____

Je suis :   🦷 🪥 👃 🩹 👂 👶 💉

Il me faut un traitement : Non   Oui (Page 3)

NOUNOU -> PARENT

COUCHES   **REPAS**

DESCRIPTION   ML/OZ   DESCRIPTION

__ h __   ⬤ ⬤   _____   __ h __ 🍼 ____   🍽 _____

__ h __   ⬤ ⬤   _____   __ h __ 🍼 ____   🍽 _____

__ h __   ⬤ ⬤   _____   __ h __ 🍼 ____   🍽 _____

__ h __   ⬤ ⬤   _____   __ h __ 🍼 ____   🍽 _____

__ h __   ⬤ ⬤   _____   __ h __ 🍼 ____   🍽 _____

__ h __   ⬤ ⬤   _____   __ h __ 🍼 ____   🍽 _____

DODO   **ANECDOTE/ PRÉOCCUPATION :**

DESCRIPTION

__ h __   _____   _____

__ h __   _____   _____

__ h __   _____   _____

__ h __   _____   _____

__ h __   _____   _____

__ h __   _____   _____

A FOURNIR :   **HUMEUR :**

_____

_____

_____

Date :　　　　　　　　　　Arrivée : __ h __　　　　　Départ : __ h __

PARENT -> NOUNOU

J'ai dormi : _____　　jusqu'à : __ h __　changé à : __ h __

Mon dernier repas à : __ h __　　　Type : _____ ML/OZ

En ce moment, je mange : _____

Je suis :　　🦷　🍼　👃　🩹　👂　👶　💉

Il me faut un traitement :　Non　Oui (Page 3)

NOUNOU -> PARENT

COUCHES　DESCRIPTION

__ h __　　●　●　_____
__ h __　　●　●　_____
__ h __　　●　●　_____
__ h __　　●　●　_____
__ h __　　●　●　_____
__ h __　　●　●　_____

REPAS

ML/OZ　　　　DESCRIPTION

__ h __　　🍼 ____　🍽 _____
__ h __　　🍼 ____　🍽 _____
__ h __　　🍼 ____　🍽 _____
__ h __　　🍼 ____　🍽 _____
__ h __　　🍼 ____　🍽 _____
__ h __　　🍼 ____　🍽 _____

DODO　DESCRIPTION

__ h __　_____
__ h __　_____
__ h __　_____
__ h __　_____
__ h __　_____
__ h __　_____

ANECDOTE/ PRÉOCCUPATION :

_____
_____
_____
_____
_____
_____

A FOURNIR :

_____
_____
_____

HUMEUR :

😳　😴　😣　😭　😊　😫　😑　🤒

Date :   Arrivée : __ h __   Départ : __ h __

PARENT -> NOUNOU

J'ai dormi : _____   jusqu'à : __ h __   changé à : __ h __

Mon dernier repas à : __ h __   Type : _____ ML/OZ

En ce moment, je mange : _____

Je suis :

Il me faut un traitement :   Non   Oui (Page 3)

NOUNOU -> PARENT

COUCHES   DESCRIPTION

__ h __   ● ●   _____
__ h __   ● ●   _____
__ h __   ● ●   _____
__ h __   ● ●   _____
__ h __   ● ●   _____
__ h __   ● ●   _____

REPAS

   ML/OZ   DESCRIPTION

__ h __   🍼 ____   🍽 _____
__ h __   🍼 ____   🍽 _____
__ h __   🍼 ____   🍽 _____
__ h __   🍼 ____   🍽 _____
__ h __   🍼 ____   🍽 _____
__ h __   🍼 ____   🍽 _____

DODO   DESCRIPTION

__ h __   _____
__ h __   _____
__ h __   _____
__ h __   _____
__ h __   _____
__ h __   _____

ANECDOTE/ PRÉOCCUPATION :

_____
_____
_____
_____
_____
_____

A FOURNIR :

_____
_____
_____

HUMEUR :

Date :   Arrivée : __ h __   Départ : __ h __

PARENT -> NOUNOU

J'ai dormi : _____ jusqu'à : __ h __   changé à : __ h __

Mon dernier repas à : __ h __   Type : _____ ML/OZ

En ce moment, je mange : _____

Je suis :

Il me faut un traitement : Non   Oui (Page 3)

NOUNOU -> PARENT

COUCHES

		DESCRIPTION
__ h __		_____
__ h __		_____
__ h __		_____
__ h __		_____
__ h __		_____
__ h __		_____

REPAS

ML/OZ   DESCRIPTION

__ h __	____	_____
__ h __	____	_____
__ h __	____	_____
__ h __	____	_____
__ h __	____	_____
__ h __	____	_____

DODO

DESCRIPTION

__ h __	_____
__ h __	_____
__ h __	_____
__ h __	_____
__ h __	_____
__ h __	_____

ANECDOTE/ PRÉOCCUPATION :

_____

_____

_____

_____

_____

_____

A FOURNIR :

_____

_____

_____

HUMEUR :

Date :   Arrivée : __ h __   Départ : __ h __

PARENT -> NOUNOU

J'ai dormi : _____   jusqu'à : __ h __   changé à : __ h __

Mon dernier repas à : __ h __   Type : _____ ML/OZ

En ce moment, je mange : _____

Je suis :   🦷 〰️ 👃 🩹 👂➕ 👶 💉

Il me faut un traitement :   Non   Oui (Page 3)

NOUNOU -> PARENT

COUCHES 💩 💧   DESCRIPTION

__ h __   ● ●   _____
__ h __   ● ●   _____
__ h __   ● ●   _____
__ h __   ● ●   _____
__ h __   ● ●   _____
__ h __   ● ●   _____

REPAS

ML/OZ   DESCRIPTION

__ h __   🍼 ____   🍽️ _____
__ h __   🍼 ____   🍽️ _____
__ h __   🍼 ____   🍽️ _____
__ h __   🍼 ____   🍽️ _____
__ h __   🍼 ____   🍽️ _____
__ h __   🍼 ____   🍽️ _____

DODO 😴   DESCRIPTION

__ h __   _____
__ h __   _____
__ h __   _____
__ h __   _____
__ h __   _____
__ h __   _____

ANECDOTE/ PRÉOCCUPATION :

_____
_____
_____
_____
_____
_____

A FOURNIR :

_____
_____
_____

HUMEUR :

😮 😴 😣 😭 😊 😤 😐 🤒

Date :   Arrivée : __ h __   Départ : __ h __

PARENT -> NOUNOU

J'ai dormi : _____   jusqu'à : __ h __   changé à : __ h __

Mon dernier repas à : __ h __   Type : _____ ML/OZ

En ce moment, je mange : _____

Je suis :

Il me faut un traitement :   Non   Oui (Page 3)

NOUNOU -> PARENT

COUCHES   DESCRIPTION

__ h __   _____
__ h __   _____
__ h __   _____
__ h __   _____
__ h __   _____
__ h __   _____

REPAS

	ML/OZ		DESCRIPTION
__ h __	____		_____
__ h __	____		_____
__ h __	____		_____
__ h __	____		_____
__ h __	____		_____
__ h __	____		_____

DODO   DESCRIPTION

__ h __   _____
__ h __   _____
__ h __   _____
__ h __   _____
__ h __   _____
__ h __   _____

ANECDOTE/ PRÉOCCUPATION :

_____
_____
_____
_____
_____
_____

A FOURNIR :

_____
_____
_____

HUMEUR :

Date :   Arrivée : __ h __   Départ : __ h __

PARENT -> NOUNOU

J'ai dormi : _____   jusqu'à : __ h __   changé à : __ h __

Mon dernier repas à : __ h __   Type : _____ ML/OZ

En ce moment, je mange : _____

Je suis :

Il me faut un traitement :   Non   Oui (Page 3)

NOUNOU -> PARENT

COUCHES   DESCRIPTION

__ h __   ⚫ ⚫   _____

__ h __   ⚫ ⚫   _____

__ h __   ⚫ ⚫   _____

__ h __   ⚫ ⚫   _____

__ h __   ⚫ ⚫   _____

__ h __   ⚫ ⚫   _____

REPAS

ML/OZ   DESCRIPTION

__ h __   🍼 ____   🍽 _____

__ h __   🍼 ____   🍽 _____

__ h __   🍼 ____   🍽 _____

__ h __   🍼 ____   🍽 _____

__ h __   🍼 ____   🍽 _____

__ h __   🍼 ____   🍽 _____

DODO   DESCRIPTION

__ h __   _____

__ h __   _____

__ h __   _____

__ h __   _____

__ h __   _____

__ h __   _____

ANECDOTE/ PRÉOCCUPATION :

_____

_____

_____

_____

_____

_____

A FOURNIR :

_____

_____

_____

HUMEUR :

Date :　　　　　　　Arrivée : __ h __　　　　Départ : __ h __

PARENT -> NOUNOU

J'ai dormi : _____　jusqu'à : __ h __　changé à : __ h __

Mon dernier repas à : __ h __　　Type : _____ ML/OZ

En ce moment, je mange : _____

Je suis :

Il me faut un traitement :　Non　Oui (Page 3)

NOUNOU -> PARENT

REPAS

COUCHES　DESCRIPTION

__ h __ ● ● _____
__ h __ ● ● _____
__ h __ ● ● _____
__ h __ ● ● _____
__ h __ ● ● _____
__ h __ ● ● _____

ML/OZ　　　　DESCRIPTION

__ h __ ____ _____
__ h __ ____ _____
__ h __ ____ _____
__ h __ ____ _____
__ h __ ____ _____
__ h __ ____ _____

DODO　DESCRIPTION

__ h __ _____
__ h __ _____
__ h __ _____
__ h __ _____
__ h __ _____
__ h __ _____

ANECDOTE/ PRÉOCCUPATION :

_____
_____
_____
_____
_____
_____

A FOURNIR :

_____
_____
_____

HUMEUR :

Date :   Arrivée : __ h __   Départ : __ h __

PARENT -> NOUNOU

J'ai dormi : _____   jusqu'à : __ h __   changé à : __ h __

Mon dernier repas à : __ h __   Type : _____ ML/OZ

En ce moment, je mange : _____

Je suis :   🦷   🌰   👃   🩹   👂   👶   💉

Il me faut un traitement :   Non   Oui (Page 3)

NOUNOU -> PARENT

COUCHES 💩 💧   DESCRIPTION   **REPAS**

                                      ML/OZ   DESCRIPTION

__ h __   ● ●   _____   __ h __   🍼 ____   🍽 _____

__ h __   ● ●   _____   __ h __   🍼 ____   🍽 _____

__ h __   ● ●   _____   __ h __   🍼 ____   🍽 _____

__ h __   ● ●   _____   __ h __   🍼 ____   🍽 _____

__ h __   ● ●   _____   __ h __   🍼 ____   🍽 _____

__ h __   ● ●   _____   __ h __   🍼 ____   🍽

DODO 😴   DESCRIPTION   **ANECDOTE/ PRÉOCCUPATION :**

__ h __   _____   _____

__ h __   _____   _____

__ h __   _____   _____

__ h __   _____   _____

__ h __   _____   _____

__ h __   _____

A FOURNIR :   **HUMEUR :**

_____

_____   😐 😴 😫 😢 😊 😠 😶 🤒

_____

Date :   Arrivée : __ h __   Départ : __ h __

PARENT -> NOUNOU

J'ai dormi : _____ jusqu'à : __ h __ changé à : __ h __

Mon dernier repas à : __ h __   Type : _____ ML/OZ

En ce moment, je mange : _____

Je suis :

Il me faut un traitement :   Non   Oui (Page 3)

NOUNOU -> PARENT

COUCHES

DESCRIPTION

__ h __   ⚫ ⚫   _____
__ h __   ⚫ ⚫   _____
__ h __   ⚫ ⚫   _____
__ h __   ⚫ ⚫   _____
__ h __   ⚫ ⚫   _____
__ h __   ⚫ ⚫   _____

REPAS

	ML/OZ		DESCRIPTION
__ h __	____		_____
__ h __	____		_____
__ h __	____		_____
__ h __	____		_____
__ h __	____		_____
__ h __	____		_____

DODO

DESCRIPTION

__ h __   _____
__ h __   _____
__ h __   _____
__ h __   _____
__ h __   _____
__ h __   _____

ANECDOTE/ PRÉOCCUPATION :

_____
_____
_____
_____
_____
_____

A FOURNIR :

_____
_____
_____

HUMEUR :

Date :   Arrivée : __ h __   Départ : __ h __

PARENT -> NOUNOU

J'ai dormi : _____   jusqu'à : __ h __   changé à : __ h __

Mon dernier repas à : __ h __   Type : _____ ML/OZ

En ce moment, je mange : _____

Je suis :   🦷   🪥   👃   🩹   👂   👶   💉

Il me faut un traitement :   Non   Oui (Page 3)

NOUNOU -> PARENT

COUCHES   💩   💧   DESCRIPTION

__ h __   ⚪ ⚪   _____

__ h __   ⚪ ⚪   _____

__ h __   ⚪ ⚪   _____

__ h __   ⚪ ⚪   _____

__ h __   ⚪ ⚪   _____

__ h __   ⚪ ⚪   _____

REPAS

     ML/OZ   DESCRIPTION

__ h __   🍼 ____   🍽 _____

__ h __   🍼 ____   🍽 _____

__ h __   🍼 ____   🍽 _____

__ h __   🍼 ____   🍽 _____

__ h __   🍼 ____   🍽 _____

__ h __   🍼 ____   🍽 _____

DODO 😴   DESCRIPTION

__ h __   _____

__ h __   _____

__ h __   _____

__ h __   _____

__ h __   _____

__ h __   _____

ANECDOTE/ PRÉOCCUPATION :

_____

_____

_____

_____

_____

_____

A FOURNIR :

_____

_____

_____

HUMEUR :

😶 😴 😣 😪 😊 🤧 😖 🤕

Date :   Arrivée : __ h __   Départ : __ h __

PARENT -> NOUNOU

J'ai dormi : _____   jusqu'à : __ h __   changé à : __ h __

Mon dernier repas à : __ h __   Type : _____ ML/OZ

En ce moment, je mange : _____

Je suis :

Il me faut un traitement :   Non   Oui (Page 3)

NOUNOU -> PARENT

COUCHES   DESCRIPTION

__ h __   _____

__ h __   _____

__ h __   _____

__ h __   _____

__ h __   _____

__ h __   _____

REPAS

ML/OZ   DESCRIPTION

__ h __   ____   _____

__ h __   ____   _____

__ h __   ____   _____

__ h __   ____   _____

__ h __   ____   _____

__ h __   ____   _____

DODO   DESCRIPTION

__ h __   _____

__ h __   _____

__ h __   _____

__ h __   _____

__ h __   _____

__ h __   _____

ANECDOTE/ PRÉOCCUPATION :

_____

_____

_____

_____

_____

_____

A FOURNIR :

_____

_____

_____

HUMEUR :

Date : _____   Arrivée : __ h __   Départ : __ h __

PARENT -> NOUNOU

J'ai dormi : _____   jusqu'à : __ h __   changé à : __ h __

Mon dernier repas à : __ h __   Type : _____ ML/OZ

En ce moment, je mange : _____

Je suis :   🦷 🥕 👃 🩹 👂 👶 💉

Il me faut un traitement :   Non   Oui (Page 3)

NOUNOU -> PARENT

COUCHES

	DESCRIPTION
__ h __ ⚪⚪	_____
__ h __ ⚪⚪	_____
__ h __ ⚪⚪	_____
__ h __ ⚪⚪	_____
__ h __ ⚪⚪	_____
__ h __ ⚪⚪	_____

REPAS

	ML/OZ		DESCRIPTION
__ h __	____		_____
__ h __	____		_____
__ h __	____		_____
__ h __	____		_____
__ h __	____		_____
__ h __	____		_____

DODO

	DESCRIPTION
__ h __	_____
__ h __	_____
__ h __	_____
__ h __	_____
__ h __	_____
__ h __	_____

ANECDOTE/ PRÉOCCUPATION :

_____
_____
_____
_____
_____
_____

A FOURNIR :

_____
_____
_____

HUMEUR :

😶 😴 😣 😢 😊 😖 😑 🤒

Date :   Arrivée : __ h __   Départ : __ h __

PARENT -> NOUNOU

J'ai dormi : _____   jusqu'à : __ h __   changé à : __ h __

Mon dernier repas à : __ h __   Type : _____ ML/OZ

En ce moment, je mange : _____

Je suis :

Il me faut un traitement :   Non   Oui (Page 3)

NOUNOU -> PARENT

COUCHES   DESCRIPTION

__ h __   ● ●   _____

__ h __   ● ●   _____

__ h __   ● ●   _____

__ h __   ● ●   _____

__ h __   ● ●   _____

__ h __   ● ●   _____

REPAS

ML/OZ   DESCRIPTION

__ h __   🍼 ____   🍽 _____

__ h __   🍼 ____   🍽 _____

__ h __   🍼 ____   🍽 _____

__ h __   🍼 ____   🍽 _____

__ h __   🍼 ____   🍽 _____

__ h __   🍼 ____   🍽 _____

DODO   DESCRIPTION

__ h __   _____

__ h __   _____

__ h __   _____

__ h __   _____

__ h __   _____

__ h __   _____

ANECDOTE/ PRÉOCCUPATION :

_____

_____

_____

_____

_____

_____

A FOURNIR :

_____

_____

_____

HUMEUR :

Date : _____   Arrivée : __ h __   Départ : __ h __

PARENT -> NOUNOU

J'ai dormi : _____   jusqu'à : __ h __   changé à : __ h __

Mon dernier repas à : __ h __   Type : _____ ML/OZ

En ce moment, je mange : _____

Je suis : 🦷 🪶 👃 🩹 👂 👶 💉

Il me faut un traitement : Non Oui (Page 3)

NOUNOU -> PARENT

COUCHES   DESCRIPTION

__ h __   ⬤ ⬤   _____
__ h __   ⬤ ⬤   _____
__ h __   ⬤ ⬤   _____
__ h __   ⬤ ⬤   _____
__ h __   ⬤ ⬤   _____
__ h __   ⬤ ⬤   _____

REPAS

ML/OZ   DESCRIPTION

__ h __   🍼 ____   🍽️ _____
__ h __   🍼 ____   🍽️ _____
__ h __   🍼 ____   🍽️ _____
__ h __   🍼 ____   🍽️ _____
__ h __   🍼 ____   🍽️ _____
__ h __   🍼 ____   🍽️ _____

DODO 😴   DESCRIPTION

__ h __   _____
__ h __   _____
__ h __   _____
__ h __   _____
__ h __   _____
__ h __   _____

ANECDOTE/ PRÉOCCUPATION :

_____
_____
_____
_____
_____
_____

A FOURNIR :

_____
_____
_____

HUMEUR :

😧 😴 😆 😭 😊 😠 😐 😋

Date :   Arrivée : __ h __   Départ : __ h __

PARENT -> NOUNOU

J'ai dormi : _____   jusqu'à : __ h __   changé à : __ h __

Mon dernier repas à : __ h __   Type : _____ ML/OZ

En ce moment, je mange : _____

Je suis :

Il me faut un traitement :   Non   Oui (Page 3)

NOUNOU -> PARENT

REPAS

COUCHES   DESCRIPTION

__ h __   _____
__ h __   _____
__ h __   _____
__ h __   _____
__ h __   _____
__ h __   _____

ML/OZ   DESCRIPTION

__ h __   ----   _____
__ h __   ----   _____
__ h __   ----   _____
__ h __   ----   _____
__ h __   ----   _____
__ h __   ----   _____

DODO   DESCRIPTION

__ h __   _____
__ h __   _____
__ h __   _____
__ h __   _____
__ h __   _____
__ h __   _____

ANECDOTE/ PRÉOCCUPATION :

_____
_____
_____
_____
_____
_____

A FOURNIR :

_____
_____
_____

HUMEUR :

Date :   Arrivée : __ h __   Départ : __ h __

PARENT -> NOUNOU

J'ai dormi : _____ jusqu'à : __ h __ changé à : __ h __

Mon dernier repas à : __ h __   Type : _____ ML/OZ

En ce moment, je mange : _____

Je suis : 🦷 💩 👃 🩹 👂 👶 💉

Il me faut un traitement : Non Oui (Page 3)

NOUNOU -> PARENT

COUCHES   DESCRIPTION

__ h __   ○ ○   _____

__ h __   ○ ○   _____

__ h __   ○ ○   _____

__ h __   ○ ○   _____

__ h __   ○ ○   _____

__ h __   ○ ○   _____

REPAS

ML/OZ   DESCRIPTION

__ h __   🍼 ____   🍽 _____

__ h __   🍼 ____   🍽 _____

__ h __   🍼 ____   🍽 _____

__ h __   🍼 ____   🍽 _____

__ h __   🍼 ____   🍽 _____

__ h __   🍼 ____   🍽

DODO   DESCRIPTION

__ h __   _____

__ h __   _____

__ h __   _____

__ h __   _____

__ h __   _____

__ h __

ANECDOTE/ PRÉOCCUPATION :

_____

_____

_____

_____

_____

_____

A FOURNIR :

_____

_____

_____

HUMEUR :

😨 😴 😖 😫 😊 😤 😐 🤒

Date :   Arrivée : __ h __   Départ : __ h __

PARENT -> NOUNOU

J'ai dormi : _____   jusqu'à : __ h __   changé à : __ h __

Mon dernier repas à : __ h __   Type : _____ ML/OZ

En ce moment, je mange : _____

Je suis :   🦷 🪥 👃 🩹 👂 👶 💉

Il me faut un traitement :   Non   Oui (Page 3)

NOUNOU -> PARENT

REPAS

COUCHES 💩 💧 DESCRIPTION   ML/OZ   DESCRIPTION

__ h __   ⬤ ⬤   _____   __ h __ 🍼 ____ 🍽 _____

__ h __   ⬤ ⬤   _____   __ h __ 🍼 ____ 🍽 _____

__ h __   ⬤ ⬤   _____   __ h __ 🍼 ____ 🍽 _____

__ h __   ⬤ ⬤   _____   __ h __ 🍼 ____ 🍽 _____

__ h __   ⬤ ⬤   _____   __ h __ 🍼 ____ 🍽 _____

__ h __   ⬤ ⬤   _____   __ h __ 🍼   🍽 _____

ANECDOTE/ PRÉOCCUPATION :

DODO 😴 DESCRIPTION

__ h __   _____   _____

__ h __   _____   _____

__ h __   _____   _____

__ h __   _____   _____

__ h __   _____   _____

__ h __   _____   _____

A FOURNIR :   **HUMEUR :**

_____

_____   😨 😴 😫 😣 😊 😤 😑 🤒

_____

Date : _____   Arrivée : __ h __   Départ : __ h __

PARENT -> NOUNOU

J'ai dormi : _____   jusqu'à : __ h __   changé à : __ h __

Mon dernier repas à : __ h __   Type : _____ ML/OZ

En ce moment, je mange : _____

Je suis :

Il me faut un traitement :   Non   Oui (Page 3)

NOUNOU -> PARENT

COUCHES

DESCRIPTION

__ h __   ⬤ ⬤   _____

__ h __   ⬤ ⬤   _____

__ h __   ⬤ ⬤   _____

__ h __   ⬤ ⬤   _____

__ h __   ⬤ ⬤   _____

__ h __   ⬤ ⬤   _____

REPAS

	ML/OZ		DESCRIPTION

__ h __   🍼 ____   🍽 _____

__ h __   🍼 ____   🍽 _____

__ h __   🍼 ____   🍽 _____

__ h __   🍼 ____   🍽 _____

__ h __   🍼 ____   🍽 _____

__ h __   🍼 ____   🍽 _____

DODO

DESCRIPTION

__ h __   _____

__ h __   _____

__ h __   _____

__ h __   _____

__ h __   _____

__ h __   _____

ANECDOTE/ PRÉOCCUPATION :

_____

_____

_____

_____

_____

_____

A FOURNIR :

_____

_____

_____

HUMEUR :

Date :   Arrivée : __ h __   Départ : __ h __

PARENT -> NOUNOU

J'ai dormi : _____   jusqu'à : __ h __   changé à : __ h __

Mon dernier repas à : __ h __   Type : _____ ML/OZ

En ce moment, je mange : _____

Je suis :   🦷 🥕 👃 🩹 👂 👶 💉

Il me faut un traitement :   Non   Oui (Page 3)

NOUNOU -> PARENT

COUCHES **DESCRIPTION**

__ h __   ⚫ ⚫   _____
__ h __   ⚫ ⚫   _____
__ h __   ⚫ ⚫   _____
__ h __   ⚫ ⚫   _____
__ h __   ⚫ ⚫   _____
__ h __   ⚫ ⚫   _____

REPAS

	ML/OZ		DESCRIPTION
__ h __	🍼 ____	🍽	_____
__ h __	🍼 ____	🍽	_____
__ h __	🍼 ____	🍽	_____
__ h __	🍼 ____	🍽	_____
__ h __	🍼 ____	🍽	_____
__ h __	🍼	🍽	_____

DODO **DESCRIPTION**

__ h __   _____
__ h __   _____
__ h __   _____
__ h __   _____
__ h __   _____
__ h __   _____

ANECDOTE/ PRÉOCCUPATION :

_____
_____
_____
_____
_____
_____

A FOURNIR :

_____
_____
_____

HUMEUR :

😨 😴 🤧 😤 😊 😫 😐 🤒

Date : _____   Arrivée : __ h __   Départ : __ h __

PARENT -> NOUNOU

J'ai dormi : _____   jusqu'à : __ h __   changé à : __ h __

Mon dernier repas à : __ h __   Type : _____ ML/OZ

En ce moment, je mange : _____

Je suis :

Il me faut un traitement :   Non   Oui (Page 3)

NOUNOU -> PARENT

COUCHES   DESCRIPTION

__ h __   ● ●   _____
__ h __   ● ●   _____
__ h __   ● ●   _____
__ h __   ● ●   _____
__ h __   ● ●   _____
__ h __   ● ●   _____

REPAS

ML/OZ   DESCRIPTION

__ h __   ▢ ____   ○ _____
__ h __   ▢ ____   ○ _____
__ h __   ▢ ____   ○ _____
__ h __   ▢ ____   ○ _____
__ h __   ▢ ____   ○ _____
__ h __   ▢ ____   ○ _____

DODO   DESCRIPTION

__ h __   _____
__ h __   _____
__ h __   _____
__ h __   _____
__ h __   _____
__ h __   _____

ANECDOTE/ PRÉOCCUPATION :

_____
_____
_____
_____
_____
_____

A FOURNIR :

_____
_____
_____

HUMEUR :

Date :   Arrivée : __ h __   Départ : __ h __

PARENT -> NOUNOU

J'ai dormi : _____ jusqu'à : __ h __ changé à : __ h __

Mon dernier repas à : __ h __   Type : _____ ML/OZ

En ce moment, je mange : _____

Je suis :

Il me faut un traitement :   Non   Oui (Page 3)

NOUNOU -> PARENT

COUCHES

		DESCRIPTION
__ h __	● ●	_____
__ h __	● ●	_____
__ h __	● ●	_____
__ h __	● ●	_____
__ h __	● ●	_____
__ h __	● ●	_____

REPAS

	ML/OZ		DESCRIPTION
__ h __	____		_____
__ h __	____		_____
__ h __			_____
__ h __			_____
__ h __	____		_____
__ h __	____		_____

DODO

	DESCRIPTION
__ h __	_____
__ h __	_____
__ h __	_____
__ h __	_____
__ h __	_____
__ h __	_____

ANECDOTE/ PRÉOCCUPATION :

_____

_____

_____

_____

_____

_____

A FOURNIR :

_____

_____

_____

HUMEUR :

Date : _____   Arrivée : __ h __   Départ : __ h __

PARENT -> NOUNOU

J'ai dormi : _____   jusqu'à : __ h __   changé à : __ h __

Mon dernier repas à : __ h __   Type : _____ ML/OZ

En ce moment, je mange : _____

Je suis :   🦷 🍖 👃 🩹 👂 👶 💉

Il me faut un traitement : Non Oui (Page 3)

NOUNOU -> PARENT

REPAS

COUCHES 💩 💧 DESCRIPTION

	ML/OZ		DESCRIPTION

__ h __ ● ● _____   __ h __ 🍼 ____ 🍽 _____

__ h __ ● ● _____   __ h __ 🍼 ____ 🍽 _____

__ h __ ● ● _____   __ h __ 🍼 ____ 🍽 _____

__ h __ ● ● _____   __ h __ 🍼 ____ 🍽 _____

__ h __ ● ● _____   __ h __ 🍼 ____ 🍽 _____

__ h __ ● ● _____   __ h __ 🍼 ____ 🍽 _____

DODO 😴 DESCRIPTION

ANECDOTE/ PRÉOCCUPATION :

__ h __   _____

_ h __   _____   _____

_ h __   _____   _____

_ h __   _____   _____

_ h __   _____   _____

_ h __   _____   _____

_____

A FOURNIR :

_____

_____

_____

HUMEUR :

😶 😴 😝 😭 😊 😢 😠 🤒

Date :   Arrivée : __ h __   Départ : __ h __

PARENT -> NOUNOU

J'ai dormi : _____ jusqu'à : __ h __   changé à : __ h __

Mon dernier repas à : __ h __   Type : _____ ML/OZ

En ce moment, je mange : _____

Je suis :   🦷 🥜 👃 🩹 👂 👶 💉

Il me faut un traitement :   Non   Oui (Page 3)

NOUNOU -> PARENT

REPAS

COUCHES DESCRIPTION

__ h __ ● ● _____
__ h __ ● ● _____
__ h __ ● ● _____
__ h __ ● ● _____
__ h __ ● ● _____
__ h __ ● ● _____

ML/OZ   DESCRIPTION

__ h __ 🍼 ____ 🍽 _____
__ h __ 🍼 ____ 🍽 _____
__ h __ 🍼 ____ 🍽 _____
__ h __ 🍼 ____ 🍽 _____
__ h __ 🍼 ____ 🍽 _____
__ h __ 🍼 ____ 🍽 _____

DODO DESCRIPTION

__ h __ _____
__ h __ _____
__ h __ _____
__ h __ _____
__ h __ _____
__ h __ _____

ANECDOTE/ PRÉOCCUPATION :

_____
_____
_____
_____
_____
_____

A FOURNIR :

_____
_____
_____

HUMEUR :

😨 😴 😆 😡 😊 😭 😑 🤒

Date :   Arrivée : __ h __   Départ : __ h __

PARENT -> NOUNOU

J'ai dormi : _____   jusqu'à : __ h __   changé à : __ h __

Mon dernier repas à : __ h __   Type : _____ ML/OZ

En ce moment, je mange : _____

Je suis :   🦷 🔦 👃 🩹 👂➕ 👶 💉

Il me faut un traitement :   Non   Oui (Page 3)

NOUNOU -> PARENT

COUCHES 💩 💧   DESCRIPTION

__ h __   ⚪ ⚪   _____
__ h __   ⚪ ⚪   _____
__ h __   ⚪ ⚪   _____
__ h __   ⚪ ⚪   _____
__ h __   ⚪ ⚪   _____
__ h __   ⚪ ⚪   _____

REPAS

ML/OZ   DESCRIPTION

__ h __   🍼 ____   🍽️ _____
__ h __   🍼 ____   🍽️ _____
__ h __   🍼 ____   🍽️ _____
__ h __   🍼 ____   🍽️ _____
__ h __   🍼 ____   🍽️ _____
__ h __   🍼 ____   🍽️

DODO 😴   DESCRIPTION

__ h __   _____
__ h __   _____
__ h __   _____
__ h __   _____
__ h __   _____
__ h __   _____

ANECDOTE/ PRÉOCCUPATION :

_____
_____
_____
_____
_____
_____

A FOURNIR :

_____
_____
_____

HUMEUR :

😳 😴 😤 😢 😊 😭 😠 🤒

Date :   Arrivée : __ h __   Départ : __ h __

PARENT -> NOUNOU

J'ai dormi : _____   jusqu'à : __ h __   changé à : __ h __

Mon dernier repas à : __ h __   Type : _____ ML/OZ

En ce moment, je mange : _____

Je suis :   🦷 🌶 👃 🩹 👂 👶 💉

Il me faut un traitement :   Non   Oui (Page 3)

NOUNOU -> PARENT

REPAS

COUCHES 💩 💧   DESCRIPTION

	ML/OZ		DESCRIPTION

__ h __ ⬤ ⬤ _____

__ h __ 🍼 ____ 🍽 _____

__ h __ ⬤ ⬤ _____

__ h __ 🍼 ____ 🍽 _____

__ h __ ⬤ ⬤ _____

__ h __ 🍼 ____ 🍽 _____

__ h __ ⬤ ⬤ _____

__ h __ 🍼 ____ 🍽 _____

__ h __ ⬤ ⬤ _____

__ h __ 🍼 ____ 🍽 _____

__ h __ ⬤ ⬤ _____

__ h __ 🍼 ____ 🍽 _____

DODO 😴   DESCRIPTION

ANECDOTE/ PRÉOCCUPATION :

__ h __   _____

__ h __   _____   _____

__ h __   _____   _____

__ h __   _____   _____

__ h __   _____   _____

__ h __   _____   _____

                                   _____

A FOURNIR :   **HUMEUR :**

_____   😳 😴 😠 😰 😊 😣 😐 🤒

_____

_____

Date :   Arrivée : __ h __   Départ : __ h __

PARENT -> NOUNOU

J'ai dormi : _____   jusqu'à : __ h __   changé à : __ h __

Mon dernier repas à : __ h __   Type : _____ ML/OZ

En ce moment, je mange : _____

Je suis :   🦷 💉 👃 🩹 👂 👶 💉

Il me faut un traitement :   Non   Oui (Page 3)

NOUNOU -> PARENT

COUCHES

DESCRIPTION

__ h __   ⚪ ⚪   _____
__ h __   ⚪ ⚪   _____
__ h __   ⚪ ⚪   _____
__ h __   ⚪ ⚪   _____
__ h __   ⚪ ⚪   _____
__ h __   ⚪ ⚪   _____

REPAS

ML/OZ   DESCRIPTION

__ h __   🍼 ____   🍽 _____
__ h __   🍼 ____   🍽 _____
__ h __   🍼 ____   🍽 _____
__ h __   🍼 ____   🍽 _____
__ h __   🍼 ____   🍽 _____
__ h __   🍼 ____   🍽

DODO

DESCRIPTION

__ h __   _____
__ h __   _____
__ h __   _____
__ h __   _____
__ h __   _____
__ h __   _____

ANECDOTE/ PRÉOCCUPATION :

_____
_____
_____
_____
_____
_____

A FOURNIR :

_____
_____
_____

HUMEUR :

😮 😴 😢 😫 😊 😤 😐 🤒

Date :   Arrivée : __ h __   Départ : __ h __

PARENT -> NOUNOU

J'ai dormi : _____   jusqu'à : __ h __   changé à : __ h __

Mon dernier repas à : __ h __   Type : _____ ML/OZ

En ce moment, je mange : _____

Je suis :

Il me faut un traitement :   Non   Oui (Page 3)

NOUNOU -> PARENT

COUCHES   DESCRIPTION

__ h __   ● ●   _____

__ h __   ● ●   _____

__ h __   ● ●   _____

__ h __   ● ●   _____

__ h __   ● ●   _____

__ h __   ● ●   _____

REPAS

      ML/OZ   DESCRIPTION

__ h __   🍼 ____   🍽 _____

__ h __   🍼 ____   🍽 _____

__ h __   🍼 ____   🍽 _____

__ h __   🍼 ____   🍽 _____

__ h __   🍼 ____   🍽 _____

__ h __   🍼 ____   🍽 _____

DODO   DESCRIPTION

__ h __   _____

__ h __   _____

__ h __   _____

__ h __   _____

__ h __   _____

__ h __   _____

ANECDOTE/ PRÉOCCUPATION :

_____

_____

_____

_____

_____

_____

A FOURNIR :

_____

_____

_____

HUMEUR :

Date :　　　　　　　Arrivée : __ h __　　　　Départ : __ h __

PARENT -> NOUNOU

J'ai dormi : _____　　jusqu'à : __ h __　changé à : __ h __

Mon dernier repas à : __ h __　　　Type : _____ ML/OZ

En ce moment, je mange : _____

Je suis :　　🦷　🥜　👃　🩹　👂➕　👶　💉

Il me faut un traitement :　Non　Oui (Page 3)

NOUNOU -> PARENT

COUCHES

		DESCRIPTION
__ h __	⚪ ⚪	_____
__ h __	⚪ ⚪	_____
__ h __	⚪ ⚪	_____
__ h __	⚪ ⚪	_____
__ h __	⚪ ⚪	_____
__ h __	⚪ ⚪	_____

REPAS

	ML/OZ		DESCRIPTION
__ h __	____		_____
__ h __	____		_____
__ h __	____		_____
__ h __	____		_____
__ h __	____		_____
__ h __	____		_____

DODO

	DESCRIPTION
__ h __	_____
__ h __	_____
__ h __	_____
__ h __	_____
__ h __	_____
__ h __	_____

ANECDOTE/ PRÉOCCUPATION :

_____
_____
_____
_____
_____
_____

A FOURNIR :

_____
_____
_____

HUMEUR :

😶 😴 😣 😩 😊 😤 😐 🤒

Date :   Arrivée : __ h __   Départ : __ h __

PARENT -> NOUNOU

J'ai dormi : _____   jusqu'à : __ h __   changé à : __ h __

Mon dernier repas à : __ h __   Type : _____ ML/OZ

En ce moment, je mange : _____

Je suis :

Il me faut un traitement :   Non   Oui (Page 3)

NOUNOU -> PARENT

REPAS

COUCHES   DESCRIPTION

ML/OZ   DESCRIPTION

__ h __   ● ●   _____
__ h __   ● ●   _____
__ h __   ● ●   _____
__ h __   ● ●   _____
__ h __   ● ●   _____
__ h __   ● ●   _____

__ h __   ____   _____
__ h __   ____   _____
__ h __   ____   _____
__ h __   ____   _____
__ h __   ____   _____
__ h __   ____   _____

DODO   DESCRIPTION

__ h __   _____
__ h __   _____
__ h __   _____
__ h __   _____
__ h __   _____
__ h __   _____

ANECDOTE/ PRÉOCCUPATION :

_____
_____
_____
_____
_____
_____

A FOURNIR :

_____
_____
_____

HUMEUR :

Date :   Arrivée : __ h __   Départ : __ h __

PARENT -> NOUNOU

J'ai dormi : _____   jusqu'à : __ h __   changé à : __ h __

Mon dernier repas à : __ h __   Type : _____ ML/OZ

En ce moment, je mange : _____

Je suis :   🦷 🔪 👃 🩹 👂 👶 💉

Il me faut un traitement :   Non   Oui (Page 3)

NOUNOU -> PARENT

COUCHES

__ h __	⚪ ⚪	DESCRIPTION _____
__ h __	⚪ ⚪	_____
__ h __	⚪ ⚪	_____
__ h __	⚪ ⚪	_____
__ h __	⚪ ⚪	_____
__ h __	⚪ ⚪	_____

REPAS

	ML/OZ		DESCRIPTION
__ h __	🍼 ____	🍽	_____
__ h __	🍼 ____	🍽	_____
__ h __	🍼 ____	🍽	_____
__ h __	🍼 ____	🍽	_____
__ h __	🍼 ____	🍽	_____
__ h __	🍼 ____	🍽	_____

DODO

__ h __	DESCRIPTION _____
__ h __	_____
__ h __	_____
__ h __	_____
__ h __	_____
__ h __	_____

ANECDOTE/ PRÉOCCUPATION :

_____
_____
_____
_____
_____
_____

A FOURNIR :

_____
_____
_____

HUMEUR :

😮 😴 😣 😭 😊 😤 😐 🤒

Date :   Arrivée : __ h __   Départ : __ h __

PARENT -> NOUNOU

J'ai dormi : _____ jusqu'à : __ h __   changé à : __ h __

Mon dernier repas à : __ h __   Type : _____ ML/OZ

En ce moment, je mange : _____

Je suis :   🦷 🌡️ 👃 🩹 👂 👶 💉

Il me faut un traitement :   Non   Oui (Page 3)

NOUNOU -> PARENT

REPAS

COUCHES   DESCRIPTION

__ h __   ● ●   _____
__ h __   ● ●   _____
__ h __   ● ●   _____
__ h __   ● ●   _____
__ h __   ● ●   _____
__ h __   ● ●   _____

ML/OZ   DESCRIPTION

__ h __   🍼 ____   🍽️ _____
__ h __   🍼 ____   🍽️ _____
__ h __   🍼 ____   🍽️ _____
__ h __   🍼 ____   🍽️ _____
__ h __   🍼 ____   🍽️ _____
__ h __   🍼 ____   🍽️ _____

DODO   DESCRIPTION

__ h __   _____
__ h __   _____
__ h __   _____
__ h __   _____
__ h __   _____
__ h __   _____

ANECDOTE/ PRÉOCCUPATION :

_____
_____
_____
_____
_____
_____

A FOURNIR :

_____
_____
_____

HUMEUR :

😨 😴 😣 😢 😊 😤 😠 🤒

Date :   Arrivée : __ h __   Départ : __ h __

PARENT -> NOUNOU

J'ai dormi : _____   jusqu'à : __ h __   changé à : __ h __

Mon dernier repas à : __ h __   Type : _____ ML/OZ

En ce moment, je mange : _____

Je suis :

Il me faut un traitement :   Non   Oui (Page 3)

NOUNOU -> PARENT

COUCHES   DESCRIPTION

__ h __   ● ●   _____
__ h __   ● ●   _____
__ h __   ● ●   _____
__ h __   ● ●   _____
__ h __   ● ●   _____
__ h __   ● ●   _____

REPAS

	ML/OZ		DESCRIPTION
__ h __	🍼 ----	🍽	_____
__ h __	🍼 ----	🍽	_____
__ h __	🍼 ----	🍽	_____
__ h __	🍼 ----	🍽	_____
__ h __	🍼 ----	🍽	_____
__ h __	🍼 ----	🍽	

DODO   DESCRIPTION

__ h __   _____
__ h __   _____
__ h __   _____
__ h __   _____
__ h __   _____
__ h __   _____

ANECDOTE/ PRÉOCCUPATION :

_____
_____
_____
_____
_____
_____

A FOURNIR :

_____
_____
_____

HUMEUR :

Date :   Arrivée : __ h __   Départ : __ h __

PARENT -> NOUNOU

J'ai dormi : _____ jusqu'à : __ h __   changé à : __ h __

Mon dernier repas à : __ h __   Type : _____ ML/OZ

En ce moment, je mange : _____

Je suis :

Il me faut un traitement :   Non   Oui (Page 3)

NOUNOU -> PARENT

COUCHES   DESCRIPTION

__ h __   ● ●   _____

__ h __   ● ●   _____

__ h __   ● ●   _____

__ h __   ● ●   _____

__ h __   ● ●   _____

__ h __   ● ●   _____

REPAS

ML/OZ   DESCRIPTION

__ h __   ⊙ ____   ⊙ _____

__ h __   ⊙ ____   ⊙ _____

__ h __   ⊙ ____   ⊙ _____

__ h __   ⊙ ____   ⊙ _____

__ h __   ⊙ ____   ⊙ _____

__ h __   ⊙ ____   ⊙ _____

DODO   DESCRIPTION

__ h __   _____

__ h __   _____

__ h __   _____

__ h __   _____

__ h __   _____

__ h __   _____

ANECDOTE/ PRÉOCCUPATION :

_____

_____

_____

_____

_____

_____

A FOURNIR :

_____

_____

_____

HUMEUR :

Date :   Arrivée : __ h __   Départ : __ h __

PARENT -> NOUNOU

J'ai dormi : _____   jusqu'à : __ h __   changé à : __ h __

Mon dernier repas à : __ h __   Type : _____ ML/OZ

En ce moment, je mange : _____

Je suis :

Il me faut un traitement :   Non   Oui (Page 3)

NOUNOU -> PARENT

COUCHES   DESCRIPTION

__ h __	● ●	_____
__ h __	● ●	_____
__ h __	● ●	_____
__ h __	● ●	_____
__ h __	● ●	_____
__ h __	● ●	_____

REPAS

ML/OZ   DESCRIPTION

__ h __	____	_____
__ h __	____	_____
__ h __	____	_____
__ h __	____	_____
__ h __	____	_____
__ h __	____	_____

DODO   DESCRIPTION

__ h __	_____
__ h __	_____
__ h __	_____
__ h __	_____
__ h __	_____
__ h __	_____

ANECDOTE/ PRÉOCCUPATION :

_____

_____

_____

_____

_____

_____

A FOURNIR :

_____

_____

_____

HUMEUR :

Date :   Arrivée : __ h __   Départ : __ h __

PARENT -> NOUNOU

J'ai dormi : _____   jusqu'à : __ h __   changé à : __ h __

Mon dernier repas à : __ h __   Type : _____ ML/OZ

En ce moment, je mange : _____

Je suis :   🦷   🌶   👃   🩹   👂   👶   💉

Il me faut un traitement :   Non   Oui (Page 3)

NOUNOU -> PARENT

COUCHES 💩 💧   DESCRIPTION

__ h __   ⚪ ⚪   _____

__ h __   ⚪ ⚪   _____

__ h __   ⚪ ⚪   _____

__ h __   ⚪ ⚪   _____

__ h __   ⚪ ⚪   _____

__ h __   ⚪ ⚪   _____

REPAS

	ML/OZ		DESCRIPTION
__ h __	🍼 ____	🍽	_____
__ h __	🍼 ____	🍽	_____
__ h __	🍼 ____	🍽	_____
__ h __	🍼 ____	🍽	_____
__ h __	🍼 ____	🍽	_____
__ h __	🍼 ____	🍽	_____

DODO 😴   DESCRIPTION

__ h __   _____

__ h __   _____

__ h __   _____

__ h __   _____

__ h __   _____

__ h __   _____

ANECDOTE/ PRÉOCCUPATION :

_____

_____

_____

_____

_____

_____

A FOURNIR :

_____

_____

_____

HUMEUR :

😨 😴 😀 😇 😊 😫 😐 🤒

Date :   Arrivée : __ h __   Départ : __ h __

PARENT -> NOUNOU

J'ai dormi : _____   jusqu'à : __ h __   changé à : __ h __

Mon dernier repas à : __ h __   Type : _____ ML/OZ

En ce moment, je mange : _____

Je suis :

Il me faut un traitement :   Non   Oui (Page 3)

NOUNOU -> PARENT

REPAS

COUCHES   DESCRIPTION   ML/OZ   DESCRIPTION

__ h __   ○ ○   _____   __ h __ 🍼 ____ 🍽 _____

__ h __   ○ ○   _____   __ h __ 🍼 ____ 🍽 _____

__ h __   ○ ○   _____   __ h __ 🍼 ____ 🍽 _____

__ h __   ○ ○   _____   __ h __ 🍼 ____ 🍽 _____

__ h __   ○ ○   _____   __ h __ 🍼 ____ 🍽 _____

__ h __   ○ ○   _____   __ h __ 🍼 ____ 🍽

DODO   DESCRIPTION

__ h __   _____

__ h __   _____

__ h __   _____

__ h __   _____

__ h __   _____

__ h __   _____

ANECDOTE/ PRÉOCCUPATION :

_____

_____

_____

_____

_____

_____

A FOURNIR :

_____

_____

_____

HUMEUR :

Date : _____ Arrivée : __ h __ Départ : __ h __

PARENT -> NOUNOU

J'ai dormi : _____ jusqu'à : __ h __ changé à : __ h __

Mon dernier repas à : __ h __ Type : _____ ML/OZ

En ce moment, je mange : _____

Je suis : 🦷 ✏ 👃 🩹 👂 👶 💉

Il me faut un traitement : Non Oui (Page 3)

NOUNOU -> PARENT

COUCHES   DESCRIPTION

__ h __ ● ● _____
__ h __ ● ● _____
__ h __ ● ● _____
__ h __ ● ● _____
__ h __ ● ● _____
__ h __ ● ● _____

REPAS

ML/OZ   DESCRIPTION

__ h __ 🍼 ____ 🍽 _____
__ h __ 🍼 ____ 🍽 _____
__ h __ 🍼 ____ 🍽 _____
__ h __ 🍼 ____ 🍽 _____
__ h __ 🍼 ____ 🍽 _____
__ h __ 🍼 ____ 🍽 _____

DODO   DESCRIPTION

__ h __ _____
__ h __ _____
__ h __ _____
__ h __ _____
__ h __ _____
__ h __ _____

ANECDOTE/ PRÉOCCUPATION :

_____
_____
_____
_____
_____
_____

A FOURNIR :

_____
_____
_____

HUMEUR :

😳 😴 🤢 😫 😊 😤 😠 🤒

Date :   Arrivée : __ h __   Départ : __ h __

PARENT -> NOUNOU

J'ai dormi : _____   jusqu'à : __ h __   changé à : __ h __

Mon dernier repas à : __ h __   Type : _____ ML/OZ

En ce moment, je mange : _____

Je suis :

Il me faut un traitement :   Non   Oui (Page 3)

NOUNOU -> PARENT

COUCHES   DESCRIPTION

__ h __   ● ●   _____

__ h __   ● ●   _____

__ h __   ● ●   _____

__ h __   ● ●   _____

__ h __   ● ●   _____

__ h __   ● ●   _____

REPAS

ML/OZ   DESCRIPTION

__ h __   🍼 ____   🍽 _____

__ h __   🍼 ____   🍽 _____

__ h __   🍼 ____   🍽 _____

__ h __   🍼 ____   🍽 _____

__ h __   🍼 ____   🍽 _____

__ h __   🍼 ____   🍽 _____

DODO   DESCRIPTION

__ h __   _____

__ h __   _____

__ h __   _____

__ h __   _____

__ h __   _____

__ h __   _____

ANECDOTE/ PRÉOCCUPATION :

_____

_____

_____

_____

_____

_____

A FOURNIR :

_____

_____

_____

HUMEUR :

Date :   Arrivée : __ h __   Départ : __ h __

PARENT -> NOUNOU

J'ai dormi : _____   jusqu'à : __ h __   changé à : __ h __

Mon dernier repas à : __ h __   Type : _____ ML/OZ

En ce moment, je mange : _____

Je suis :   🦷 🌶 👃 🩹 👂 👶 💉

Il me faut un traitement :   Non   Oui (Page 3)

NOUNOU -> PARENT

REPAS

COUCHES 💧 💧 DESCRIPTION   ML/OZ   DESCRIPTION

__ h __   ⬤ ⬤   _____   __ h __ 🍼 ____ 🍽 _____

__ h __   ⬤ ⬤   _____   __ h __ 🍼 ____ 🍽 _____

__ h __   ⬤ ⬤   _____   __ h __ 🍼 ____ 🍽 _____

__ h __   ⬤ ⬤   _____   __ h __ 🍼 ____ 🍽 _____

__ h __   ⬤ ⬤   _____   __ h __ 🍼 ____ 🍽 _____

__ h __   ⬤ ⬤   _____   __ h __ 🍼 ____ 🍽 _____

ANECDOTE/ PRÉOCCUPATION :

DODO 😴   DESCRIPTION

__ h __   _____   _____

__ h __   _____   _____

__ h __   _____   _____

__ h __   _____   _____

__ h __   _____   _____

__ h __   _____   _____

A FOURNIR :   **HUMEUR :**

_____   😳 😴 😤 😰 😊 🤧 😐 🤒

_____

_____

Date : _____   Arrivée : __ h __   Départ : __ h __

PARENT -> NOUNOU

J'ai dormi : _____   jusqu'à : __ h __   changé à : __ h __

Mon dernier repas à : __ h __   Type : _____ ML/OZ

En ce moment, je mange : _____

Je suis :

Il me faut un traitement :   Non   Oui (Page 3)

NOUNOU -> PARENT

COUCHES   DESCRIPTION

__ h __   ○ ○   _____
__ h __   ○ ○   _____
__ h __   ○ ○   _____
__ h __   ○ ○   _____
__ h __   ○ ○   _____
__ h __   ○ ○   _____

REPAS

ML/OZ   DESCRIPTION

__ h __ 🍼 ____   🍽 _____
__ h __ 🍼 ____   🍽 _____
__ h __ 🍼 ____   🍽 _____
__ h __ 🍼 ____   🍽 _____
__ h __ 🍼 ____   🍽 _____
__ h __ 🍼 ____   🍽 _____

DODO   DESCRIPTION

__ h __   _____
__ h __   _____
__ h __   _____
__ h __   _____
__ h __   _____
__ h __   _____

ANECDOTE/ PRÉOCCUPATION :

_____
_____
_____
_____
_____
_____

A FOURNIR :

_____
_____
_____

HUMEUR :

Date :   Arrivée : __ h __   Départ : __ h __

PARENT -> NOUNOU

J'ai dormi : _____   jusqu'à : __ h __   changé à : __ h __

Mon dernier repas à : __ h __   Type : _____ ML/OZ

En ce moment, je mange : _____

Je suis :   🦷 🌶️ 👃 🩹 👂 👶 💉

Il me faut un traitement :   Non   Oui (Page 3)

NOUNOU -> PARENT

REPAS

COUCHES 💩 💧 DESCRIPTION

	ML/OZ		DESCRIPTION

__ h __ ○ ○ _____

__ h __ ○ ○ _____

__ h __ ○ ○ _____

__ h __ ○ ○ _____

__ h __ ○ ○ _____

__ h __ ○ ○ _____

__ h __ 🍼 ____ 🍽️ _____

__ h __ 🍼 ____ 🍽️ _____

__ h __ 🍼 ____ 🍽️ _____

__ h __ 🍼 ____ 🍽️ _____

__ h __ 🍼 ____ 🍽️ _____

__ h __ 🍼 ____ 🍽️ _____

DODO 😴 DESCRIPTION

__ h __ _____

__ h __ _____

__ h __ _____

__ h __ _____

__ h __ _____

__ h __ _____

ANECDOTE/ PRÉOCCUPATION :

_____

_____

_____

_____

_____

_____

A FOURNIR :

_____

_____

_____

HUMEUR :

😊 😴 😖 😟 😄 😤 😐 🤒

Date :   Arrivée : __ h __   Départ : __ h __

PARENT -> NOUNOU

J'ai dormi : _____   jusqu'à : __ h __   changé à : __ h __

Mon dernier repas à : __ h __   Type : _____ ML/OZ

En ce moment, je mange : _____

Je suis :

Il me faut un traitement :   Non   Oui (Page 3)

NOUNOU -> PARENT

COUCHES 　　 DESCRIPTION

__ h __   ● ●   _____
__ h __   ● ●   _____
__ h __   ● ●   _____
__ h __   ● ●   _____
__ h __   ● ●   _____
__ h __   ● ●   _____

REPAS

ML/OZ   DESCRIPTION

__ h __   🍼 ____   🍽 _____
__ h __   🍼 ____   🍽 _____
__ h __   🍼 ____   🍽 _____
__ h __   🍼 ____   🍽 _____
__ h __   🍼 ____   🍽 _____
__ h __   🍼 ____   🍽

DODO 　 DESCRIPTION

__ h __   _____
__ h __   _____
__ h __   _____
__ h __   _____
__ h __   _____
__ h __   _____

ANECDOTE/ PRÉOCCUPATION :

_____
_____
_____
_____
_____
_____

A FOURNIR :

_____
_____
_____

HUMEUR :

Date :   Arrivée : __ h __   Départ : __ h __

PARENT -> NOUNOU

J'ai dormi : _____   jusqu'à : __ h __   changé à : __ h __

Mon dernier repas à : __ h __   Type : _____ ML/OZ

En ce moment, je mange : _____

Je suis :

Il me faut un traitement :   Non   Oui (Page 3)

NOUNOU -> PARENT

REPAS

COUCHES   DESCRIPTION

__ h __   ● ●   _____

__ h __   ● ●   _____

__ h __   ● ●   _____

__ h __   ● ●   _____

__ h __   ● ●   _____

__ h __   ● ●   _____

ML/OZ   DESCRIPTION

__ h __   ____   _____

__ h __   ____   _____

__ h __   ____   _____

__ h __   ____   _____

__ h __   ____   _____

__ h __   ____   _____

DODO   DESCRIPTION

__ h __   _____

__ h __   _____

__ h __   _____

__ h __   _____

__ h __   _____

__ h __   _____

ANECDOTE/ PRÉOCCUPATION :

_____

_____

_____

_____

_____

_____

A FOURNIR :

_____

_____

_____

HUMEUR :

Date :   Arrivée : __ h __   Départ : __ h __

PARENT -> NOUNOU

J'ai dormi : _____   jusqu'à : __ h __   changé à : __ h __

Mon dernier repas à : __ h __   Type : _____ ML/OZ

En ce moment, je mange : _____

Je suis :

Il me faut un traitement :   Non   Oui (Page 3)

NOUNOU -> PARENT

COUCHES   DESCRIPTION

__ h __   ● ●   _____

__ h __   ● ●   _____

__ h __   ● ●   _____

__ h __   ● ●   _____

__ h __   ● ●   _____

__ h __   ● ●   _____

REPAS

ML/OZ   DESCRIPTION

__ h __   ▣ ____   ▥ _____

__ h __   ▣ ____   ▥ _____

__ h __   ▣ ____   ▥ _____

__ h __   ▣ ____   ▥ _____

__ h __   ▣ ____   ▥ _____

__ h __   ▣ ____   ▥ _____

DODO   DESCRIPTION

__ h __   _____

__ h __   _____

__ h __   _____

__ h __   _____

__ h __   _____

__ h __   _____

ANECDOTE/ PRÉOCCUPATION :

_____

_____

_____

_____

_____

_____

A FOURNIR :

_____

_____

_____

HUMEUR :

Date :   Arrivée : __ h __   Départ : __ h __

PARENT -> NOUNOU

J'ai dormi : _____   jusqu'à : __ h __   changé à : __ h __

Mon dernier repas à : __ h __   Type : _____ ML/OZ

En ce moment, je mange : _____

Je suis :   🦷   🦴   👃   🩹   👂   👶   💉

Il me faut un traitement :   Non   Oui (Page 3)

NOUNOU -> PARENT

COUCHES 💩 🐣   DESCRIPTION

__ h __   ● ●   _____

__ h __   ● ●   _____

__ h __   ● ●   _____

__ h __   ● ●   _____

__ h __   ● ●   _____

__ h __   ● ●   _____

REPAS

	ML/OZ		DESCRIPTION
__ h __	🍼 ____	🍽	_____
__ h __	🍼 ____	🍽	_____
__ h __	🍼 ____	🍽	_____
__ h __	🍼 ____	🍽	_____
__ h __	🍼 ____	🍽	_____
__ h __	🍼 ____	🍽	_____

DODO 😴   DESCRIPTION

__ h __   _____

__ h __   _____

__ h __   _____

__ h __   _____

__ h __   _____

__ h __   _____

ANECDOTE/ PRÉOCCUPATION :

_____

_____

_____

_____

_____

_____

A FOURNIR :

_____

_____

_____

HUMEUR :

😨 😴 🤧 🤕 😊 🤧 😑 🤒

Date :   Arrivée : __ h __   Départ : __ h __

PARENT -> NOUNOU

J'ai dormi : _____   jusqu'à : __ h __   changé à : __ h __

Mon dernier repas à : __ h __   Type : _____ ML/OZ

En ce moment, je mange : _____

Je suis :   🦷 🌶 👃 🩹 👂 👶 💉

Il me faut un traitement :   Non   Oui (Page 3)

NOUNOU -> PARENT

COUCHES   DESCRIPTION
__ h __   ● ●   _____
__ h __   ● ●   _____
__ h __   ● ●   _____
__ h __   ● ●   _____
__ h __   ● ●   _____
__ h __   ● ●   _____

REPAS
                    ML/OZ   DESCRIPTION
__ h __   🍼 ____   🍽 _____
__ h __   🍼 ____   🍽 _____
__ h __   🍼 ____   🍽 _____
__ h __   🍼 ____   🍽 _____
__ h __   🍼 ____   🍽 _____
__ h __   🍼 ____   🍽 _____

DODO   DESCRIPTION
__ h __   _____
__ h __   _____
__ h __   _____
__ h __   _____
__ h __   _____
__ h __   _____

ANECDOTE/ PRÉOCCUPATION :

_____
_____
_____
_____
_____
_____

A FOURNIR :

_____
_____
_____

HUMEUR :

😳 😴 🤧 😟 😊 😤 😐 🤒

Date : _____   Arrivée : __ h __   Départ : __ h __

PARENT -> NOUNOU

J'ai dormi : _____   jusqu'à : __ h __   changé à : __ h __

Mon dernier repas à : __ h __   Type : _____ ML/OZ

En ce moment, je mange : _____

Je suis :

Il me faut un traitement :   Non   Oui (Page 3)

NOUNOU -> PARENT

COUCHES   DESCRIPTION

__ h __   _____

__ h __   _____

__ h __   _____

__ h __   _____

__ h __   _____

__ h __   _____

DODO   DESCRIPTION

__ h __   _____

__ h __   _____

__ h __   _____

__ h __   _____

__ h __   _____

__ h __   _____

A FOURNIR :

_____

_____

_____

REPAS

ML/OZ   DESCRIPTION

__ h __   _____   _____

__ h __   _____   _____

__ h __   _____   _____

__ h __   _____   _____

__ h __   _____   _____

__ h __   _____   _____

ANECDOTE/ PRÉOCCUPATION :

_____

_____

_____

_____

_____

_____

HUMEUR :

Date :   Arrivée : __ h __   Départ : __ h __

PARENT -> NOUNOU

J'ai dormi : _____   jusqu'à : __ h __   changé à : __ h __

Mon dernier repas à : __ h __   Type : _____ ML/OZ

En ce moment, je mange : _____

Je suis :

Il me faut un traitement :   Non   Oui (Page 3)

NOUNOU -> PARENT

COUCHES   DESCRIPTION

__ h __   ○ ○   _____

__ h __   ○ ○   _____

__ h __   ○ ○   _____

__ h __   ○ ○   _____

__ h __   ○ ○   _____

__ h __   ○ ○   _____

REPAS

	ML/OZ		DESCRIPTION
__ h __	____		_____
__ h __	____		_____
__ h __	____		_____
__ h __	____		_____
__ h __	____		_____
__ h __	____		_____

DODO   DESCRIPTION

__ h __   _____

__ h __   _____

__ h __   _____

__ h __   _____

__ h __   _____

__ h __   _____

ANECDOTE/ PRÉOCCUPATION :

_____

_____

_____

_____

_____

_____

A FOURNIR :

_____

_____

_____

HUMEUR :

Date : _____ Arrivée : __ h __ Départ : __ h __

PARENT -> NOUNOU

J'ai dormi : _____ jusqu'à : __ h __ changé à : __ h __

Mon dernier repas à : __ h __ Type : _____ ML/OZ

En ce moment, je mange : _____

Je suis :

Il me faut un traitement : Non Oui (Page 3)

NOUNOU -> PARENT

COUCHES DESCRIPTION

__ h __ _____

__ h __ _____

__ h __ _____

__ h __ _____

__ h __ _____

__ h __ _____

REPAS

	ML/OZ		DESCRIPTION
__ h __		____	_____
__ h __		____	_____
__ h __		____	_____
__ h __		____	_____
__ h __		____	_____
__ h __		____	_____

DODO DESCRIPTION

__ h __ _____

__ h __ _____

__ h __ _____

__ h __ _____

__ h __ _____

__ h __ _____

ANECDOTE/ PRÉOCCUPATION :

_____

_____

_____

_____

_____

_____

A FOURNIR :

_____

_____

_____

HUMEUR :

Date :   Arrivée : __ h __   Départ : __ h __

PARENT -> NOUNOU

J'ai dormi : _____   jusqu'à : __ h __   changé à : __ h __

Mon dernier repas à : __ h __   Type : _____   ML/OZ

En ce moment, je mange : _____

Je suis :   🦷   🌶   👃   🩹   👂   👶   💉

Il me faut un traitement :   Non   Oui (Page 3)

NOUNOU -> PARENT

REPAS

COUCHES   DESCRIPTION   ML/OZ   DESCRIPTION

COUCHES			DESCRIPTION		REPAS ML/OZ		DESCRIPTION
__ h __	○	○	_____	__ h __	○ ____	○	_____
__ h __	○	○	_____	__ h __	○ ____	○	_____
__ h __	○	○	_____	__ h __	○ ____	○	_____
__ h __	○	○	_____	__ h __	○ ____	○	_____
__ h __	○	○	_____	__ h __	○ ____	○	_____
__ h __	○	○	_____	__ h __	○ ____	○	_____

DODO   DESCRIPTION

__ h __   _____
__ h __   _____
__ h __   _____
__ h __   _____
__ h __   _____
__ h __   _____

ANECDOTE/ PRÉOCCUPATION :

_____
_____
_____
_____
_____
_____

A FOURNIR :

_____
_____
_____

HUMEUR :

😳 😴 😭 😨 😋 😤 😠 🤒

Date :   Arrivée : __ h __   Départ : __ h __

PARENT -> NOUNOU

J'ai dormi : _____   jusqu'à : __ h __   changé à : __ h __

Mon dernier repas à : __ h __   Type : _____ ML/OZ

En ce moment, je mange : _____

Je suis :

Il me faut un traitement :   Non   Oui (Page 3)

NOUNOU -> PARENT

COUCHES   DESCRIPTION

__ h __   ● ●   _____
__ h __   ● ●   _____
__ h __   ● ●   _____
__ h __   ● ●   _____
__ h __   ● ●   _____
__ h __   ● ●   _____

REPAS

      ML/OZ   DESCRIPTION

__ h __   🍼 ____   🍽 _____
__ h __   🍼 ____   🍽 _____
__ h __   🍼 ____   🍽 _____
__ h __   🍼 ____   🍽 _____
__ h __   🍼 ____   🍽 _____
__ h __   🍼 ____   🍽 _____

DODO   DESCRIPTION

__ h __   _____
__ h __   _____
__ h __   _____
__ h __   _____
__ h __   _____
__ h __   _____

ANECDOTE/ PRÉOCCUPATION :

_____
_____
_____
_____
_____
_____

A FOURNIR :

_____
_____
_____

HUMEUR :

Date :   Arrivée : __ h __   Départ : __ h __

PARENT -> NOUNOU

J'ai dormi : _____   jusqu'à : __ h __   changé à : __ h __

Mon dernier repas à : __ h __   Type : _____ ML/OZ

En ce moment, je mange : _____

Je suis :   🦷 🪥 👃 🩹 👂 👶 💉

Il me faut un traitement :   Non   Oui (Page 3)

NOUNOU -> PARENT

COUCHES   **REPAS**

DESCRIPTION   ML/OZ   DESCRIPTION

__ h __ ● ● _____   __ h __ 🍼 ____ 🍽 _____

__ h __ ● ● _____   __ h __ 🍼 ____ 🍽 _____

__ h __ ● ● _____   __ h __ 🍼 ____ 🍽 _____

__ h __ ● ● _____   __ h __ 🍼 ____ 🍽 _____

__ h __ ● ● _____   __ h __ 🍼 ____ 🍽 _____

__ h __ ● ● _____   __ h __ 🍼 ____ 🍽 _____

DODO 😴   **ANECDOTE/ PRÉOCCUPATION :**

DESCRIPTION

__ h __ _____   _____

__ h __ _____   _____

__ h __ _____   _____

__ h __ _____   _____

__ h __ _____   _____

__ h __ _____   _____

A FOURNIR :   **HUMEUR :**

_____

_____

_____

Date :   Arrivée : __ h __   Départ : __ h __

PARENT -> NOUNOU

J'ai dormi : _____ jusqu'à : __ h __   changé à : __ h __

Mon dernier repas à : __ h __   Type : _____ ML/OZ

En ce moment, je mange : _____

Je suis :

Il me faut un traitement :   Non   Oui (Page 3)

NOUNOU -> PARENT

REPAS

COUCHES   DESCRIPTION

__ h __ ● ● _____
__ h __ ● ● _____
__ h __ ● ● _____
__ h __ ● ● _____
__ h __ ● ● _____
__ h __ ● ● _____

ML/OZ   DESCRIPTION

__ h __ ____ _____
__ h __ ____ _____
__ h __ ____ _____
__ h __ ____ _____
__ h __ ____ _____
__ h __ ____ _____

DODO   DESCRIPTION

__ h __ _____
__ h __ _____
__ h __ _____
__ h __ _____
__ h __ _____
__ h __ _____

ANECDOTE/ PRÉOCCUPATION :

_____
_____
_____
_____
_____
_____

A FOURNIR :

_____
_____
_____

HUMEUR :

Date :   Arrivée : __ h __   Départ : __ h __

PARENT -> NOUNOU

J'ai dormi : _____ jusqu'à : __ h __   changé à : __ h __

Mon dernier repas à : __ h __   Type : _____ ML/OZ

En ce moment, je mange : _____

Je suis :

Il me faut un traitement : Non Oui (Page 3)

NOUNOU -> PARENT

COUCHES   DESCRIPTION

__ h __   ● ●   _____
__ h __   ● ●   _____
__ h __   ● ●   _____
__ h __   ● ●   _____
__ h __   ● ●   _____
__ h __   ● ●   _____

REPAS

ML/OZ   DESCRIPTION

__ h __   ____   _____
__ h __   ____   _____
__ h __   ____   _____
__ h __   ____   _____
__ h __   ____   _____
__ h __   ____   _____

DODO   DESCRIPTION

__ h __   _____
__ h __   _____
__ h __   _____
__ h __   _____
__ h __   _____
__ h __   _____

ANECDOTE/ PRÉOCCUPATION :

_____
_____
_____
_____
_____
_____

A FOURNIR :

_____
_____
_____

HUMEUR :

Date :   Arrivée : __ h __   Départ : __ h __

PARENT -> NOUNOU

J'ai dormi : _____ jusqu'à : __ h __   changé à : __ h __

Mon dernier repas à : __ h __   Type : _____ ML/OZ

En ce moment, je mange : _____

Je suis :

Il me faut un traitement :   Non   Oui (Page 3)

NOUNOU -> PARENT

COUCHES   DESCRIPTION

__ h __   ● ●   _____

__ h __   ● ●   _____

__ h __   ● ●   _____

__ h __   ● ●   _____

__ h __   ● ●   _____

__ h __   ● ●   _____

REPAS

ML/OZ   DESCRIPTION

__ h __   ● ----   ● _____

__ h __   ● ----   ● _____

__ h __   ● ----   ● _____

__ h __   ● ----   ● _____

__ h __   ● ----   ● _____

__ h __   ● ----   ● _____

DODO   DESCRIPTION

__ h __   _____

__ h __   _____

__ h __   _____

__ h __   _____

__ h __   _____

__ h __   _____

ANECDOTE/ PRÉOCCUPATION :

_____

_____

_____

_____

_____

_____

A FOURNIR :

_____

_____

_____

HUMEUR :

Date :   Arrivée : __ h __   Départ : __ h __

PARENT -> NOUNOU

J'ai dormi : _____ jusqu'à : __ h __   changé à : __ h __

Mon dernier repas à : __ h __   Type : _____ ML/OZ

En ce moment, je mange : _____

Je suis : 🦷 🌡️ 👃 🩹 👂 👶 💉

Il me faut un traitement :   Non   Oui (Page 3)

NOUNOU -> PARENT

COUCHES   DESCRIPTION

__ h __ ● ● _____
__ h __ ● ● _____
__ h __ ● ● _____
__ h __ ● ● _____
__ h __ ● ● _____
__ h __ ● ● _____

REPAS

ML/OZ   DESCRIPTION

__ h __ 🍼 ____ 🍽️ _____
__ h __ 🍼 ____ 🍽️ _____
__ h __ 🍼 ____ 🍽️ _____
__ h __ 🍼 ____ 🍽️ _____
__ h __ 🍼 ____ 🍽️ _____
__ h __ 🍼 ____ 🍽️ _____

DODO   DESCRIPTION

__ h __ _____
__ h __ _____
__ h __ _____
__ h __ _____
__ h __ _____
__ h __ _____

ANECDOTE/ PRÉOCCUPATION :

_____
_____
_____
_____
_____

A FOURNIR :

_____
_____
_____

HUMEUR :

😨 😴 😂 😰 😊 😤 😐 🤒

Date : _____ Arrivée : __ h __   Départ : __ h __

PARENT -> NOUNOU

J'ai dormi : _____   jusqu'à : __ h __   changé à : __ h __

Mon dernier repas à : __ h __   Type : _____ ML/OZ

En ce moment, je mange : _____

Je suis :

Il me faut un traitement : Non Oui (Page 3)

NOUNOU -> PARENT

COUCHES   DESCRIPTION

__ h __ ● ● _____
__ h __ ● ● _____
__ h __ ● ● _____
__ h __ ● ● _____
__ h __ ● ● _____
__ h __ ● ● _____

REPAS

	ML/OZ		DESCRIPTION
__ h __	🍼 ____	🍽	_____
__ h __	🍼 ____	🍽	_____
__ h __	🍼 ____	🍽	_____
__ h __	🍼 ____	🍽	_____
__ h __	🍼 ____	🍽	_____
__ h __	🍼 ____	🍽	_____

DODO   DESCRIPTION

__ h __   _____
__ h __   _____
__ h __   _____
__ h __   _____
__ h __   _____
__ h __   _____

ANECDOTE/ PRÉOCCUPATION :

_____
_____
_____
_____
_____
_____

A FOURNIR :

_____
_____
_____

HUMEUR :

Date : Arrivée : __ h __ Départ : __ h __

PARENT -> NOUNOU

J'ai dormi : _____ jusqu'à : __ h __ changé à : __ h __

Mon dernier repas à : __ h __ Type : _____ ML/OZ

En ce moment, je mange : _____

Je suis : 🦷 🌰 👃 🩹 👂 👶 💉

Il me faut un traitement : Non Oui (Page 3)

NOUNOU -> PARENT

COUCHES DESCRIPTION

__ h __ ● ● _____
__ h __ ● ● _____
__ h __ ● ● _____
__ h __ ● ● _____
__ h __ ● ● _____
__ h __ ● ● _____

REPAS

ML/OZ DESCRIPTION

__ h __ 🍼 ____ 🍽 _____
__ h __ 🍼 ____ 🍽 _____
__ h __ 🍼 ____ 🍽 _____
__ h __ 🍼 ____ 🍽 _____
__ h __ 🍼 ____ 🍽 _____
__ h __ 🍼 ____ 🍽 _____

DODO DESCRIPTION

__ h __ _____
__ h __ _____
__ h __ _____
__ h __ _____
__ h __ _____
__ h __ _____

ANECDOTE/ PRÉOCCUPATION :

_____
_____
_____
_____
_____

A FOURNIR :

_____
_____
_____

HUMEUR :

😨 😴 😂 😠 😊 😤 😐 🤒

Date : _____   Arrivée : __ h __   Départ : __ h __

PARENT -> NOUNOU

J'ai dormi : _____   jusqu'à : __ h __   changé à : __ h __

Mon dernier repas à : __ h __   Type : _____ ML/OZ

En ce moment, je mange : _____

Je suis :

Il me faut un traitement : Non   Oui (Page 3)

NOUNOU -> PARENT

COUCHES   DESCRIPTION

__ h __   ● ●   _____
__ h __   ● ●   _____
__ h __   ● ●   _____
__ h __   ● ●   _____
__ h __   ● ●   _____
__ h __   ● ●   _____

REPAS

	ML/OZ		DESCRIPTION
__ h __	🍼 ____	🍽	_____
__ h __	🍼 ____	🍽	_____
__ h __	🍼 ____	🍽	_____
__ h __	🍼 ____	🍽	_____
__ h __	🍼 ____	🍽	_____
__ h __	🍼 ____	🍽	_____

DODO   DESCRIPTION

__ h __   _____
__ h __   _____
__ h __   _____
__ h __   _____
__ h __   _____
__ h __   _____

ANECDOTE/ PRÉOCCUPATION :

_____
_____
_____
_____
_____
_____

A FOURNIR :

_____
_____
_____

HUMEUR :

Date : _____   Arrivée : __ h __   Départ : __ h __

PARENT -> NOUNOU

J'ai dormi : _____ jusqu'à : __ h __   changé à : __ h __

Mon dernier repas à : __ h __   Type : _____ ML/OZ

En ce moment, je mange : _____

Je suis : 🦷 ✏️ 👃 🩹 👂 👶 💉

Il me faut un traitement :   Non   Oui (Page 3)

NOUNOU -> PARENT

REPAS

COUCHES   DESCRIPTION   ML/OZ   DESCRIPTION

__ h __   ● ●   _____   __ h __ 🍼 ____ 🍽 _____

__ h __   ● ●   _____   __ h __ 🍼 ____ 🍽 _____

__ h __   ● ●   _____   __ h __ 🍼 ____ 🍽 _____

__ h __   ● ●   _____   __ h __ 🍼 ____ 🍽 _____

__ h __   ● ●   _____   __ h __ 🍼 ____ 🍽 _____

__ h __   ● ●   _____   __ h __ 🍼 ____ 🍽 _____

DODO   DESCRIPTION

__ h __   _____

__ h __   _____

__ h __   _____

__ h __   _____

__ h __   _____

__ h __   _____

ANECDOTE/ PRÉOCCUPATION :

_____

_____

_____

_____

_____

A FOURNIR :   **HUMEUR :**

_____   😦 😴 😆 😡 😊 🤕 😐 🤒

_____

_____

Date : _____ Arrivée : __ h __   Départ : __ h __

PARENT -> NOUNOU

J'ai dormi : _____ jusqu'à : __ h __ changé à : __ h __

Mon dernier repas à : __ h __   Type : _____ ML/OZ

En ce moment, je mange : _____

Je suis :   🦷 ✏️ 👃 🩹 👂 👶 💉

Il me faut un traitement : Non   Oui (Page 3)

NOUNOU -> PARENT

REPAS

COUCHES 💩 💧 DESCRIPTION

__ h __	⚪ ⚪	_____
__ h __	⚪ ⚪	_____
__ h __	⚪ ⚪	_____
__ h __	⚪ ⚪	_____
__ h __	⚪ ⚪	_____
__ h __	⚪ ⚪	_____

ML/OZ   **DESCRIPTION**

__ h __ 🍼 ____ 🍽️ _____
__ h __ 🍼 ____ 🍽️ _____
__ h __ 🍼 ____ 🍽️ _____
__ h __ 🍼 ____ 🍽️ _____
__ h __ 🍼 ____ 🍽️ _____
__ h __ 🍼 ____ 🍽️ _____

DODO 😴 DESCRIPTION

__ h __ _____
__ h __ _____
__ h __ _____
__ h __ _____
__ h __ _____
__ h __ _____

ANECDOTE/ PRÉOCCUPATION :

_____
_____
_____
_____
_____
_____

A FOURNIR :

_____
_____
_____

HUMEUR :

😴 😴 😠 😢 😊 😣 😤 🤒

Date :   Arrivée : __ h __   Départ : __ h __

PARENT -> NOUNOU

J'ai dormi : _____   jusqu'à : __ h __   changé à : __ h __

Mon dernier repas à : __ h __   Type : _____ ML/OZ

En ce moment, je mange : _____

Je suis :

Il me faut un traitement :   Non   Oui (Page 3)

NOUNOU -> PARENT

REPAS

COUCHES   DESCRIPTION

ML/OZ   DESCRIPTION

__ h __   ● ●   _____
__ h __   ● ●   _____
__ h __   ● ●   _____
__ h __   ● ●   _____
__ h __   ● ●   _____
__ h __   ● ●   _____

__ h __   ▭ _____   ▯ _____
__ h __   ▭ _____   ▯ _____
__ h __   ▭ _____   ▯ _____
__ h __   ▭ _____   ▯ _____
__ h __   ▭ _____   ▯ _____
__ h __   ▭ _____   ▯ _____

DODO   DESCRIPTION

ANECDOTE/ PRÉOCCUPATION :

__ h __   _____
__ h __   _____
__ h __   _____
__ h __   _____
__ h __   _____
__ h __   _____

_____
_____
_____
_____
_____
_____

A FOURNIR :

HUMEUR :

_____
_____
_____

Date :   Arrivée : __ h __   Départ : __ h __

PARENT -> NOUNOU

J'ai dormi : _____   jusqu'à : __ h __   changé à : __ h __

Mon dernier repas à : __ h __   Type : _____ ML/OZ

En ce moment, je mange : _____

Je suis :   🦷   ✏️   👃   🩹   👂   👶   💉

Il me faut un traitement :   Non   Oui (Page 3)

NOUNOU -> PARENT

COUCHES

			DESCRIPTION
__ h __	●	●	_____
__ h __	●	●	_____
__ h __	●	●	_____
__ h __	●	●	_____
__ h __	●	●	_____
__ h __	●	●	_____

REPAS

	ML/OZ		DESCRIPTION
__ h __	🍼 ____	🍽	_____
__ h __	🍼 ____	🍽	_____
__ h __	🍼 ____	🍽	_____
__ h __	🍼 ____	🍽	_____
__ h __	🍼 ____	🍽	_____
__ h __	🍼 ____	🍽	_____

DODO

	DESCRIPTION
__ h __	_____
__ h __	_____
__ h __	_____
__ h __	_____
__ h __	_____
__ h __	_____

ANECDOTE/ PRÉOCCUPATION :

_____

_____

_____

_____

_____

A FOURNIR :

_____

_____

_____

HUMEUR :

😶 😴 😆 😋 😊 😣 😑 🤒

Date :   Arrivée : __ h __   Départ : __ h __

PARENT -> NOUNOU

J'ai dormi : _____   jusqu'à : __ h __   changé à : __ h __

Mon dernier repas à : __ h __   Type : _____ ML/OZ

En ce moment, je mange : _____

Je suis :

Il me faut un traitement : Non   Oui (Page 3)

NOUNOU -> PARENT

REPAS

COUCHES   DESCRIPTION   ML/OZ   DESCRIPTION

__ h __   ● ●   _____   __ h __   ▦ ____   ▦ _____

__ h __   ● ●   _____   __ h __   ▦ ____   ▦ _____

__ h __   ● ●   _____   __ h __   ▦ ____   ▦ _____

__ h __   ● ●   _____   __ h __   ▦ ____   ▦ _____

__ h __   ● ●   _____   __ h __   ▦ ____   ▦ _____

__ h __   ● ●   _____   __ h __   ▦ ____   ▦ _____

DODO   DESCRIPTION

__ h __   _____

__ h __   _____

__ h __   _____

__ h __   _____

__ h __   _____

__ h __   _____

ANECDOTE/ PRÉOCCUPATION :

_____

_____

_____

_____

_____

_____

A FOURNIR :

_____

_____

_____

HUMEUR :

Date : _____   Arrivée : __ h __   Départ : __ h __

PARENT -> NOUNOU

J'ai dormi : _____   jusqu'à : __ h __   changé à : __ h __

Mon dernier repas à : __ h __   Type : _____ ML/OZ

En ce moment, je mange : _____

Je suis :   🦷 🔪 👃 🩹 👂 👶 💉

Il me faut un traitement : Non   Oui (Page 3)

NOUNOU -> PARENT

REPAS

COUCHES   DESCRIPTION

__ h __   ● ●   _____
__ h __   ● ●   _____
__ h __   ● ●   _____
__ h __   ● ●   _____
__ h __   ● ●   _____
__ h __   ● ●   _____

	ML/OZ		DESCRIPTION
__ h __	🍼 ____	🍽	_____
__ h __	🍼 ____	🍽	_____
__ h __	🍼 ____	🍽	_____
__ h __	🍼 ____	🍽	_____
__ h __	🍼 ____	🍽	_____
__ h __	🍼 ____	🍽	_____

DODO   DESCRIPTION

__ h __   _____
__ h __   _____
__ h __   _____
__ h __   _____
__ h __   _____
__ h __   _____

ANECDOTE/ PRÉOCCUPATION :

_____
_____
_____
_____
_____
_____

A FOURNIR :

_____
_____
_____

HUMEUR :

😶 😴 😢 😳 😊 😤 😠 🤒

Date :   Arrivée : __ h __   Départ : __ h __

PARENT -> NOUNOU

J'ai dormi : _____   jusqu'à : __ h __   changé à : __ h __

Mon dernier repas à : __ h __   Type : _____ ML/OZ

En ce moment, je mange : _____

Je suis :

Il me faut un traitement :   Non   Oui (Page 3)

NOUNOU -> PARENT

REPAS

COUCHES   DESCRIPTION   ML/OZ   DESCRIPTION

COUCHES	REPAS
__ h __ ⚫ ⚫ _____	__ h __ 🍼 ____ 🍽 _____
__ h __ ⚫ ⚫ _____	__ h __ 🍼 ____ 🍽 _____
__ h __ ⚫ ⚫ _____	__ h __ 🍼 ____ 🍽 _____
__ h __ ⚫ ⚫ _____	__ h __ 🍼 ____ 🍽 _____
__ h __ ⚫ ⚫ _____	__ h __ 🍼 ____ 🍽 _____
__ h __ ⚫ ⚫ _____	__ h __ 🍼 ____ 🍽 _____

DODO   DESCRIPTION

__ h __   _____

__ h __   _____

__ h __   _____

__ h __   _____

__ h __   _____

__ h __   _____

ANECDOTE/ PRÉOCCUPATION :

_____

_____

_____

_____

_____

_____

A FOURNIR :

_____

_____

_____

HUMEUR :

Date :   Arrivée : __ h __   Départ : __ h __

PARENT -> NOUNOU

J'ai dormi : _____   jusqu'à : __ h __   changé à : __ h __

Mon dernier repas à : __ h __   Type : _____ ML/OZ

En ce moment, je mange : _____

Je suis :   🦷 ✏️ 👃 🩹 👂 👶 💉

Il me faut un traitement :   Non   Oui (Page 3)

NOUNOU -> PARENT

COUCHES   DESCRIPTION

__ h __   ● ●   _____

__ h __   ● ●   _____

__ h __   ● ●   _____

__ h __   ● ●   _____

__ h __   ● ●   _____

__ h __   ● ●   _____

REPAS

ML/OZ   DESCRIPTION

__ h __   🍼 ____   🍽️ _____

__ h __   🍼 ____   🍽️ _____

__ h __   🍼 ____   🍽️ _____

__ h __   🍼 ____   🍽️ _____

__ h __   🍼 ____   🍽️ _____

__ h __   🍼 ____   🍽️ _____

DODO   DESCRIPTION

__ h __   _____

__ h __   _____

__ h __   _____

__ h __   _____

__ h __   _____

__ h __   _____

ANECDOTE/ PRÉOCCUPATION :

_____

_____

_____

_____

_____

A FOURNIR :

_____

_____

_____

HUMEUR :

😐 😴 😭 😢 😊 😤 😠 🤒

Date :   Arrivée : __ h __   Départ : __ h __

PARENT -> NOUNOU

J'ai dormi : _____   jusqu'à : __ h __   changé à : __ h __

Mon dernier repas à : __ h __   Type : _____ ML/OZ

En ce moment, je mange : _____

Je suis :

Il me faut un traitement :   Non   Oui (Page 3)

NOUNOU -> PARENT

COUCHES

	DESCRIPTION
__ h __ ● ●	_____
__ h __ ● ●	_____
__ h __ ● ●	_____
__ h __ ● ●	_____
__ h __ ● ●	_____
__ h __ ● ●	_____

REPAS

	ML/OZ		DESCRIPTION
__ h __	-----		_____
__ h __	-----		_____
__ h __	-----		_____
__ h __	-----		_____
__ h __	-----		_____
__ h __	-----		_____

DODO

	DESCRIPTION
__ h __	_____
__ h __	_____
__ h __	_____
__ h __	_____
__ h __	_____
__ h __	_____

ANECDOTE/ PRÉOCCUPATION :

_____
_____
_____
_____
_____
_____

A FOURNIR :

_____
_____
_____

HUMEUR :

Date :   Arrivée : __ h __   Départ : __ h __

PARENT -> NOUNOU

J'ai dormi : _____   jusqu'à : __ h __   changé à : __ h __

Mon dernier repas à : __ h __   Type : _____ ML/OZ

En ce moment, je mange : _____

Je suis :   🦷   🦷   👃   🩹   👂   👶   💉

Il me faut un traitement :   Non   Oui (Page 3)

NOUNOU -> PARENT

COUCHES 💩 💧   DESCRIPTION

__ h __   ⬤ ⬤   _____

__ h __   ⬤ ⬤   _____

__ h __   ⬤ ⬤   _____

__ h __   ⬤ ⬤   _____

__ h __   ⬤ ⬤   _____

__ h __   ⬤ ⬤   _____

REPAS

       ML/OZ   DESCRIPTION

__ h __   🍼 ____   🍽️ _____

__ h __   🍼 ____   🍽️ _____

__ h __   🍼 ____   🍽️ _____

__ h __   🍼 ____   🍽️ _____

__ h __   🍼 ____   🍽️ _____

__ h __   🍼 ____   🍽️ _____

DODO 😴   DESCRIPTION

__ h __   _____

__ h __   _____

__ h __   _____

__ h __   _____

__ h __   _____

__ h __   _____

ANECDOTE/ PRÉOCCUPATION :

_____

_____

_____

_____

_____

A FOURNIR :

_____

_____

_____

HUMEUR :

😶 😴 😡 😭 😊 😖 😤 🤒

Date : _____   Arrivée : __ h __   Départ : __ h __

PARENT -> NOUNOU

J'ai dormi : _____   jusqu'à : __ h __   changé à : __ h __

Mon dernier repas à : __ h __   Type : _____ ML/OZ

En ce moment, je mange : _____

Je suis :   🦷 🪥 👃 🩹 👂 👶 💉

Il me faut un traitement :   Non   Oui (Page 3)

NOUNOU -> PARENT

COUCHES   DESCRIPTION
__ h __   ⚫ ⚫   _____
__ h __   ⚫ ⚫   _____
__ h __   ⚫ ⚫   _____
__ h __   ⚫ ⚫   _____
__ h __   ⚫ ⚫   _____
__ h __   ⚫ ⚫   _____

REPAS
	ML/OZ		DESCRIPTION
__ h __	🍼 ____	🍽️	_____
__ h __	🍼 ____	🍽️	_____
__ h __	🍼 ____	🍽️	_____
__ h __	🍼 ____	🍽️	_____
__ h __	🍼 ____	🍽️	_____
__ h __	🍼 ____	🍽️	_____

DODO   DESCRIPTION
__ h __   _____
__ h __   _____
__ h __   _____
__ h __   _____
__ h __   _____
__ h __   _____

ANECDOTE/ PRÉOCCUPATION :
_____
_____
_____
_____
_____
_____

A FOURNIR :
_____
_____
_____

HUMEUR :
😐 😴 😢 😠 😋 😞 😑 🤒

Date :   Arrivée : __ h __   Départ : __ h __

PARENT -> NOUNOU

J'ai dormi : _____   jusqu'à : __ h __   changé à : __ h __

Mon dernier repas à : __ h __   Type : _____ ML/OZ

En ce moment, je mange : _____

Je suis :

Il me faut un traitement :   Non   Oui (Page 3)

NOUNOU -> PARENT

COUCHES   DESCRIPTION

__ h __   ○ ○   _____

__ h __   ○ ○   _____

__ h __   ○ ○   _____

__ h __   ○ ○   _____

__ h __   ○ ○   _____

__ h __   ○ ○   _____

REPAS

ML/OZ   DESCRIPTION

__ h __   ____   _____

__ h __   ____   _____

__ h __   ____   _____

__ h __   ____   _____

__ h __   ____   _____

__ h __   ____   _____

DODO   DESCRIPTION

__ h __   _____

__ h __   _____

__ h __   _____

__ h __   _____

__ h __   _____

__ h __   _____

ANECDOTE/ PRÉOCCUPATION :

_____

_____

_____

_____

_____

_____

A FOURNIR :

_____

_____

_____

HUMEUR :

Date : _____ Arrivée : __ h __   Départ : __ h __

PARENT -> NOUNOU

J'ai dormi : _____ jusqu'à : __ h __   changé à : __ h __

Mon dernier repas à : __ h __   Type : _____ ML/OZ

En ce moment, je mange : _____

Je suis :   🦷 🔪 👃 🩹 👂 👶 💉

Il me faut un traitement : Non   Oui (Page 3)

NOUNOU -> PARENT

REPAS

COUCHES 💩 💧   DESCRIPTION   ML/OZ   DESCRIPTION

__ h __ ● ● _____   __ h __ 🍼 ____ 🍽 _____

__ h __ ● ● _____   __ h __ 🍼 ____ 🍽 _____

__ h __ ● ● _____   __ h __ 🍼 ____ 🍽 _____

__ h __ ● ● _____   __ h __ 🍼 ____ 🍽 _____

__ h __ ● ● _____   __ h __ 🍼 ____ 🍽 _____

__ h __ ● ● _____   __ h __ 🍼 ____ 🍽 _____

DODO 😴   DESCRIPTION   **ANECDOTE/ PRÉOCCUPATION :**

__ h __ _____   _____

__ h __ _____   _____

__ h __ _____   _____

__ h __ _____   _____

__ h __ _____   _____

__ h __   _____

A FOURNIR :   **HUMEUR :**

_____

_____

_____   😶 😴 😠 😢 😊 🤧 😐 🤒

Date :   Arrivée : __ h __   Départ : __ h __

PARENT -> NOUNOU

J'ai dormi : _____   jusqu'à : __ h __   changé à : __ h __

Mon dernier repas à : __ h __   Type : _____ ML/OZ

En ce moment, je mange : _____

Je suis :   🦷   🪥   👃   🩹   👂   👶   💉

Il me faut un traitement :   Non   Oui (Page 3)

NOUNOU -> PARENT

REPAS

COUCHES   DESCRIPTION   ML/OZ   DESCRIPTION

__ h __   ● ●   _____   __ h __   🍼 ____   🍽 _____

__ h __   ● ●   _____   __ h __   🍼 ____   🍽 _____

__ h __   ● ●   _____   __ h __   🍼 ____   🍽 _____

__ h __   ● ●   _____   __ h __   🍼 ____   🍽 _____

__ h __   ● ●   _____   __ h __   🍼 ____   🍽 _____

__ h __   ● ●   _____   __ h __   🍼 ____   🍽 _____

DODO 😴   DESCRIPTION   **ANECDOTE/ PRÉOCCUPATION :**

__ h __   _____   _____

__ h __   _____   _____

__ h __   _____   _____

__ h __   _____   _____

__ h __   _____   _____

__ h __   _____   _____

A FOURNIR :   **HUMEUR :**

_____   😳 😴 😢 😫 😊 😤 😐 🤒

_____

Date :   Arrivée : __ h __   Départ : __ h __

PARENT -> NOUNOU

J'ai dormi : _____ jusqu'à : __ h __ changé à : __ h __

Mon dernier repas à : __ h __   Type : _____ ML/OZ

En ce moment, je mange : _____

Je suis :

Il me faut un traitement : Non   Oui (Page 3)

NOUNOU -> PARENT

REPAS

COUCHES   DESCRIPTION   ML/OZ   DESCRIPTION

COUCHES	REPAS
__ h __ ● ● _____	__ h __ _____ _____
__ h __ ● ● _____	__ h __ _____ _____
__ h __ ● ● _____	__ h __ _____ _____
__ h __ ● ● _____	__ h __ _____ _____
__ h __ ● ● _____	__ h __ _____ _____
__ h __ ● ● _____	__ h __ _____ _____

DODO   DESCRIPTION

__ h __   _____

__ h __   _____

__ h __   _____

__ h __   _____

__ h __   _____

__ h __   _____

ANECDOTE/ PRÉOCCUPATION :

_____

_____

_____

_____

_____

_____

A FOURNIR :

_____

_____

_____

HUMEUR :

Date :   Arrivée : __ h __   Départ : __ h __

PARENT -> NOUNOU

J'ai dormi : _____   jusqu'à : __ h __   changé à : __ h __

Mon dernier repas à : __ h __   Type : _____ ML/OZ

En ce moment, je mange : _____

Je suis :

Il me faut un traitement :   Non   Oui (Page 3)

NOUNOU -> PARENT

COUCHES   DESCRIPTION

__ h __   ● ●   _____
__ h __   ● ●   _____
__ h __   ● ●   _____
__ h __   ● ●   _____
__ h __   ● ●   _____
__ h __   ● ●   _____

REPAS

ML/OZ   DESCRIPTION

__ h __   ▢ ____   🍽 _____
__ h __   ▢ ____   🍽 _____
__ h __   ▢ ____   🍽 _____
__ h __   ▢ ____   🍽 _____
__ h __   ▢ ____   🍽 _____
__ h __   ▢ ____   🍽 _____

DODO   DESCRIPTION

__ h __   _____
__ h __   _____
__ h __   _____
__ h __   _____
__ h __   _____
__ h __   _____

ANECDOTE/ PRÉOCCUPATION :

_____
_____
_____
_____
_____
_____

A FOURNIR :

_____
_____
_____

HUMEUR :

Date : _____   Arrivée : __ h __   Départ : __ h __

PARENT -> NOUNOU

J'ai dormi : _____ jusqu'à : __ h __ changé à : __ h __

Mon dernier repas à : __ h __   Type : _____ ML/OZ

En ce moment, je mange : _____

Je suis :

Il me faut un traitement : Non Oui (Page 3)

NOUNOU -> PARENT

REPAS

COUCHES   DESCRIPTION

__ h __   ● ●   _____
__ h __   ● ●   _____
__ h __   ● ●   _____
__ h __   ● ●   _____
__ h __   ● ●   _____
__ h __   ● ●   _____

ML/OZ   DESCRIPTION

__ h __ 🍼 ____ 🍽 _____
__ h __ 🍼 ____ 🍽 _____
__ h __ 🍼 ____ 🍽 _____
__ h __ 🍼 ____ 🍽 _____
__ h __ 🍼 ____ 🍽 _____
__ h __ 🍼 ____ 🍽 _____

DODO   DESCRIPTION

__ h __   _____
__ h __   _____
__ h __   _____
__ h __   _____
__ h __   _____
__ h __   _____

ANECDOTE/ PRÉOCCUPATION :

_____
_____
_____
_____
_____

A FOURNIR :

_____
_____
_____

HUMEUR :

Date :   Arrivée : __ h __   Départ : __ h __

PARENT -> NOUNOU

J'ai dormi : _____   jusqu'à : __ h __   changé à : __ h __

Mon dernier repas à : __ h __   Type : _____ ML/OZ

En ce moment, je mange : _____

Je suis :   🦷 ✒️ 👃 🩹 👂 👶 💉

Il me faut un traitement :   Non   Oui (Page 3)

NOUNOU -> PARENT

COUCHES   💩 💧 DESCRIPTION
__ h __   ● ●   _____
__ h __   ● ●   _____
__ h __   ● ●   _____
__ h __   ● ●   _____
__ h __   ● ●   _____
__ h __   ● ●   _____

REPAS

	ML/OZ		DESCRIPTION
__ h __	🍼 ____	🍽️	_____
__ h __	🍼 ____	🍽️	_____
__ h __	🍼 ____	🍽️	_____
__ h __	🍼 ____	🍽️	_____
__ h __	🍼 ____	🍽️	_____
__ h __	🍼 ____	🍽️	_____

DODO 😴   DESCRIPTION
__ h __   _____
__ h __   _____
__ h __   _____
__ h __   _____
__ h __   _____
__ h __   _____

ANECDOTE/ PRÉOCCUPATION :

_____
_____
_____
_____
_____
_____

A FOURNIR :

_____
_____
_____

HUMEUR :

😳 😪 😣 😤 😊 😵 😖 🤒

Date :   Arrivée : __ h __   Départ : __ h __

PARENT -> NOUNOU

J'ai dormi : _____   jusqu'à : __ h __   changé à : __ h __

Mon dernier repas à : __ h __   Type : _____ ML/OZ

En ce moment, je mange : _____

Je suis :

Il me faut un traitement :   Non   Oui (Page 3)

NOUNOU -> PARENT

REPAS

COUCHES   DESCRIPTION   ML/OZ   DESCRIPTION

COUCHES			REPAS		
__ h __	● ●	_____	__ h __ 🍼 ----	🍽	_____
__ h __	● ●	_____	__ h __ 🍼 ----	🍽	_____
__ h __	● ●	_____	__ h __ 🍼 ----	🍽	_____
__ h __	● ●	_____	__ h __ 🍼 ----	🍽	_____
__ h __	● ●	_____	__ h __ 🍼 ----	🍽	_____
__ h __	● ●	_____	__ h __ 🍼 ----	🍽	_____

DODO   DESCRIPTION

__ h __   _____
__ h __   _____
__ h __   _____
__ h __   _____
__ h __   _____
__ h __   _____

ANECDOTE/ PRÉOCCUPATION :

_____
_____
_____
_____
_____
_____

A FOURNIR :

_____
_____
_____

HUMEUR :

Date :   Arrivée : __ h __   Départ : __ h __

PARENT -> NOUNOU

J'ai dormi : _____   jusqu'à : __ h __   changé à : __ h __

Mon dernier repas à : __ h __   Type : _____ ML/OZ

En ce moment, je mange : _____

Je suis :   🦷   🌡   👃   🩹   👂   👶   💉

Il me faut un traitement :   Non   Oui (Page 3)

NOUNOU -> PARENT

COUCHES 💩 🥚   DESCRIPTION

__ h __	●	●	_____
__ h __	●	●	_____
__ h __	●	●	_____
__ h __	●	●	_____
__ h __	●	●	_____
__ h __	●	●	_____

REPAS

	ML/OZ		DESCRIPTION
__ h __	🍼	_____	🍽 _____
__ h __	🍼	_____	🍽 _____
__ h __	🍼	_____	🍽 _____
__ h __	🍼	_____	🍽 _____
__ h __	🍼	_____	🍽 _____
__ h __	🍼	_____	🍽 _____

DODO 😴   DESCRIPTION

__ h __	_____
__ h __	_____
__ h __	_____
__ h __	_____
__ h __	_____
__ h __	_____

ANECDOTE/ PRÉOCCUPATION :

_____

_____

_____

_____

_____

A FOURNIR :

_____

_____

_____

HUMEUR :

😮 😴 😣 😫 😊 😤 😑 🤒

Date : Arrivée : __ h __ Départ : __ h __

PARENT -> NOUNOU

J'ai dormi : _____ jusqu'à : __ h __ changé à : __ h __

Mon dernier repas à : __ h __ Type : _____ ML/OZ

En ce moment, je mange : _____

Je suis :

Il me faut un traitement : Non Oui (Page 3)

NOUNOU -> PARENT

REPAS

COUCHES DESCRIPTION

__ h __	● ●	_____
__ h __	● ●	_____
__ h __	● ●	_____
__ h __	● ●	_____
__ h __	● ●	_____
__ h __	● ●	_____

ML/OZ DESCRIPTION

__ h __	🍼 ____	🍽	_____
__ h __	🍼 ____	🍽	_____
__ h __	🍼 ____	🍽	_____
__ h __	🍼 ____	🍽	_____
__ h __	🍼 ____	🍽	_____
__ h __	🍼 ____	🍽	_____

DODO DESCRIPTION

__ h __	_____
__ h __	_____
__ h __	_____
__ h __	_____
__ h __	_____
__ h __	

ANECDOTE/ PRÉOCCUPATION :

_____

_____

_____

_____

_____

_____

A FOURNIR :

_____

_____

_____

HUMEUR :

Date : _____   Arrivée : __ h __   Départ : __ h __

PARENT -> NOUNOU

J'ai dormi : _____ jusqu'à : __ h __ changé à : __ h __

Mon dernier repas à : __ h __   Type : _____ ML/OZ

En ce moment, je mange : _____

Je suis :

Il me faut un traitement : Non   Oui (Page 3)

NOUNOU -> PARENT

COUCHES

DESCRIPTION

__ h __ ⚫ ⚫ _____

__ h __ ⚫ ⚫ _____

__ h __ ⚫ ⚫ _____

__ h __ ⚫ ⚫ _____

__ h __ ⚫ ⚫ _____

__ h __ ⚫ ⚫ _____

REPAS

ML/OZ   DESCRIPTION

__ h __ ⚬ ---- 🍽 _____

__ h __ ⚬ ---- 🍽 _____

__ h __ ⚬ ---- 🍽 _____

__ h __ ⚬ ---- 🍽 _____

__ h __ ⚬ ---- 🍽 _____

__ h __ ⚬ ---- 🍽 _____

DODO

DESCRIPTION

__ h __ _____

__ h __ _____

__ h __ _____

__ h __ _____

__ h __ _____

__ h __ _____

ANECDOTE/ PRÉOCCUPATION :

_____

_____

_____

_____

_____

_____

A FOURNIR :

_____

_____

HUMEUR :

Date : _____   Arrivée : __ h __   Départ : __ h __

PARENT -> NOUNOU

J'ai dormi : _____   jusqu'à : __ h __   changé à : __ h __

Mon dernier repas à : __ h __   Type : _____ ML/OZ

En ce moment, je mange : _____

Je suis :

Il me faut un traitement :   Non   Oui (Page 3)

NOUNOU -> PARENT

COUCHES   DESCRIPTION

__ h __   ● ●   _____

__ h __   ● ●   _____

__ h __   ● ●   _____

__ h __   ● ●   _____

__ h __   ● ●   _____

__ h __   ● ●   _____

REPAS

ML/OZ   DESCRIPTION

__ h __   ▣ ____   🍽   _____

__ h __   ▣ ____   🍽   _____

__ h __   ▣ ____   🍽   _____

__ h __   ▣ ____   🍽   _____

__ h __   ▣ ____   🍽   _____

__ h __   ▣ ____   🍽   _____

DODO   DESCRIPTION

__ h __   _____

__ h __   _____

__ h __   _____

__ h __   _____

__ h __   _____

__ h __

ANECDOTE/ PRÉOCCUPATION :

_____

_____

_____

_____

_____

_____

A FOURNIR :

_____

_____

_____

HUMEUR :

Date :   Arrivée : __ h __   Départ : __ h __

PARENT -> NOUNOU

J'ai dormi : _____   jusqu'à : __ h __   changé à : __ h __

Mon dernier repas à : __ h __   Type : _____ ML/OZ

En ce moment, je mange : _____

Je suis :   🦷   👅   👃   🩹   👂   👶   💉

Il me faut un traitement :   Non   Oui (Page 3)

NOUNOU -> PARENT

COUCHES   DESCRIPTION

__ h __   ⚫ ⚫   _____

__ h __   ⚫ ⚫   _____

__ h __   ⚫ ⚫   _____

__ h __   ⚫ ⚫   _____

__ h __   ⚫ ⚫   _____

__ h __   ⚫ ⚫   _____

REPAS

ML/OZ   DESCRIPTION

__ h __   🍼 ____   🍽 _____

__ h __   🍼 ____   🍽 _____

__ h __   🍼 ____   🍽 _____

__ h __   🍼 ____   🍽 _____

__ h __   🍼 ____   🍽 _____

__ h __   🍼   🍽 _____

DODO   DESCRIPTION

__ h __   _____

__ h __   _____

__ h __   _____

__ h __   _____

__ h __   _____

__ h __   _____

ANECDOTE/ PRÉOCCUPATION :

_____

_____

_____

_____

_____

_____

A FOURNIR :

_____

_____

HUMEUR :

😳 😴 😣 😭 😊 🤧 😒 🤒

Date : _____   Arrivée : __ h __   Départ : __ h __

PARENT -> NOUNOU

J'ai dormi : _____   jusqu'à : __ h __   changé à : __ h __

Mon dernier repas à : __ h __   Type : _____ ML/OZ

En ce moment, je mange : _____

Je suis : 🦷 🔪 👃 🩹 👂 👶 💉

Il me faut un traitement :   Non   Oui (Page 3)

NOUNOU -> PARENT

REPAS

COUCHES   DESCRIPTION

__ h __	● ●	_____
__ h __	● ●	_____
__ h __	● ●	_____
__ h __	● ●	_____
__ h __	● ●	_____
__ h __	● ●	_____

ML/OZ   DESCRIPTION

__ h __	🍼	----	🍽	_____
__ h __	🍼	----	🍽	_____
__ h __	🍼	----	🍽	_____
__ h __	🍼	----	🍽	_____
__ h __	🍼	----	🍽	_____
__ h __	🍼	----	🍽	_____

DODO 😴   DESCRIPTION

__ h __   _____
__ h __   _____
__ h __   _____
__ h __   _____
__ h __   _____
__ h __   _____

ANECDOTE/ PRÉOCCUPATION :

_____

_____

_____

_____

_____

_____

A FOURNIR :

_____

_____

_____

HUMEUR :

😶 😴 😫 😨 😊 😠 😑 🤒

Date :   Arrivée : __ h __   Départ : __ h __

PARENT -> NOUNOU

J'ai dormi : _____   jusqu'à : __ h __   changé à : __ h __

Mon dernier repas à : __ h __   Type : _____ ML/OZ

En ce moment, je mange : _____

Je suis :   🦷 🌶️ 👃 🩹 👂 👶 💉

Il me faut un traitement :   Non   Oui (Page 3)

NOUNOU -> PARENT

COUCHES

		DESCRIPTION
__ h __	● ●	_____
__ h __	● ●	_____
__ h __	● ●	_____
__ h __	● ●	_____
__ h __	● ●	_____
__ h __	● ●	_____

REPAS

		ML/OZ		DESCRIPTION
__ h __	🍼	____	🍽️	_____
__ h __	🍼	____	🍽️	_____
__ h __	🍼	____	🍽️	_____
__ h __	🍼	____	🍽️	_____
__ h __	🍼	____	🍽️	_____
__ h __	🍼	____	🍽️	_____

DODO

	DESCRIPTION
__ h __	_____
__ h __	_____
__ h __	_____
__ h __	_____
__ h __	_____
__ h __	_____

ANECDOTE/ PRÉOCCUPATION :

_____
_____
_____
_____
_____
_____

A FOURNIR :

_____
_____
_____

HUMEUR :

😳 😴 😢 😫 😊 😤 😣 🤒

Date :   Arrivée : __ h __   Départ : __ h __

PARENT -> NOUNOU

J'ai dormi : _____   jusqu'à : __ h __   changé à : __ h __

Mon dernier repas à : __ h __   Type : _____ ML/OZ

En ce moment, je mange : _____

Je suis :   🦷 🌶 👃 🩹 👂 👶 💉

Il me faut un traitement :   Non   Oui (Page 3)

NOUNOU -> PARENT

REPAS

COUCHES 💩 💧   DESCRIPTION   ML/OZ   DESCRIPTION

__ h __   ● ●   _____   __ h __ 🍼 ____ 🍴 _____

__ h __   ● ●   _____   __ h __ 🍼 ____ 🍴 _____

__ h __   ● ●   _____   __ h __ 🍼 ____ 🍴 _____

__ h __   ● ●   _____   __ h __ 🍼 ____ 🍴 _____

__ h __   ● ●   _____   __ h __ 🍼 ____ 🍴 _____

__ h __   ● ●   _____   __ h __ 🍼 ____ 🍴 _____

DODO 😴   DESCRIPTION   **ANECDOTE/ PRÉOCCUPATION :**

__ h __   _____   _____

__ h __   _____   _____

__ h __   _____   _____

__ h __   _____   _____

__ h __   _____   _____

__ h __   _____   _____

A FOURNIR :   **HUMEUR :**

_____   😳 😴 😤 😟 😊 😣 😑 🤒

_____

_____

Date : Arrivée : __ h __ Départ : __ h __

PARENT -> NOUNOU

J'ai dormi : _____ jusqu'à : __ h __ changé à : __ h __

Mon dernier repas à : __ h __ Type : _____ ML/OZ

En ce moment, je mange : _____

Je suis :

Il me faut un traitement : Non Oui (Page 3)

NOUNOU -> PARENT

COUCHES DESCRIPTION

__ h __ _____

__ h __ _____

__ h __ _____

__ h __ _____

__ h __ _____

__ h __ _____

REPAS

	ML/OZ		DESCRIPTION
__ h __	____		_____
__ h __	____		_____
__ h __	____		_____
__ h __	____		_____
__ h __	____		_____
__ h __	____		

DODO DESCRIPTION

__ h __ _____

__ h __ _____

__ h __ _____

__ h __ _____

__ h __ _____

__ h __ _____

ANECDOTE/ PRÉOCCUPATION :

_____

_____

_____

_____

_____

_____

A FOURNIR :

_____

_____

_____

HUMEUR :

Date :   Arrivée : __ h __   Départ : __ h __

PARENT -> NOUNOU

J'ai dormi : _____ jusqu'à : __ h __   changé à : __ h __

Mon dernier repas à : __ h __   Type : _____ ML/OZ

En ce moment, je mange : _____

Je suis :   🦷 🪥 👃 🩹 👂 👶 💉

Il me faut un traitement :   Non   Oui (Page 3)

NOUNOU -> PARENT

COUCHES 💩 💧   DESCRIPTION

__ h __   ● ●   _____
__ h __   ● ●   _____
__ h __   ● ●   _____
__ h __   ● ●   _____
__ h __   ● ●   _____
__ h __   ● ●   _____

REPAS

ML/OZ   DESCRIPTION

__ h __   🍼 ____   🍽 _____
__ h __   🍼 ____   🍽 _____
__ h __   🍼 ____   🍽 _____
__ h __   🍼 ____   🍽 _____
__ h __   🍼 ____   🍽 _____
__ h __   🍼 ____   🍽 _____

DODO 😴   DESCRIPTION

__ h __   _____
__ h __   _____
__ h __   _____
__ h __   _____
__ h __   _____
__ h __   _____

ANECDOTE/ PRÉOCCUPATION :

_____
_____
_____
_____
_____
_____

A FOURNIR :

_____
_____
_____

HUMEUR :

😨 😴 😭 😳 😊 😤 😐 🤒

Date : Arrivée : __ h __ Départ : __ h __

PARENT -> NOUNOU

J'ai dormi : _____ jusqu'à : __ h __ changé à : __ h __

Mon dernier repas à : __ h __ Type : _____ ML/OZ

En ce moment, je mange : _____

Je suis :

Il me faut un traitement : Non Oui (Page 3)

NOUNOU -> PARENT

COUCHES DESCRIPTION

__ h __ _____
__ h __ _____
__ h __ _____
__ h __ _____
__ h __ _____
__ h __ _____

REPAS

ML/OZ DESCRIPTION

__ h __ ____ _____
__ h __ ____ _____
__ h __ ____ _____
__ h __ ____ _____
__ h __ ____ _____
__ h __ ____ _____

DODO DESCRIPTION

__ h __ _____
__ h __ _____
__ h __ _____
__ h __ _____
__ h __ _____
__ h __ _____

ANECDOTE/ PRÉOCCUPATION :

_____
_____
_____
_____
_____
_____

A FOURNIR :

_____
_____
_____

HUMEUR :

Date :   Arrivée : __ h __   Départ : __ h __

PARENT -> NOUNOU

J'ai dormi : _____   jusqu'à : __ h __   changé à : __ h __

Mon dernier repas à : __ h __   Type : _____ ML/OZ

En ce moment, je mange : _____

Je suis :   🦷   👃   🩹   👂   👶   💉

Il me faut un traitement :   Non   Oui (Page 3)

NOUNOU -> PARENT

COUCHES 💩 💧   DESCRIPTION

__ h __	● ●	_____
__ h __	● ●	_____
__ h __	● ●	_____
__ h __	● ●	_____
__ h __	● ●	_____
__ h __	● ●	_____

REPAS

	ML/OZ		DESCRIPTION
__ h __	🍼 ____	🍽	_____
__ h __	🍼 ____	🍽	_____
__ h __	🍼 ____	🍽	_____
__ h __	🍼 ____	🍽	_____
__ h __	🍼 ____	🍽	_____
__ h __	🍼 ____	🍽	

DODO 😴   DESCRIPTION

__ h __	_____
__ h __	_____
__ h __	_____
__ h __	_____
__ h __	_____
__ h __	

ANECDOTE/ PRÉOCCUPATION :

_____
_____
_____
_____
_____
_____

A FOURNIR :

_____
_____
_____

HUMEUR :

😨 😴 😠 😢 😊 😤 😐 🤒

Date :　　　　　　　　　Arrivée : __ h __　　　　Départ : __ h __

PARENT -> NOUNOU

J'ai dormi : _____　　jusqu'à : __ h __　changé à : __ h __

Mon dernier repas à : __ h __　　Type : _____ ML/OZ

En ce moment, je mange : _____

Je suis :　　　🦷　🌡　👃　🩹　👂　👶　💉

Il me faut un traitement :　Non　Oui (Page 3)

NOUNOU -> PARENT

COUCHES　　　　DESCRIPTION

__ h __　　●　●　_____

__ h __　　●　●　_____

__ h __　　●　●　_____

__ h __　　●　●　_____

__ h __　　●　●　_____

__ h __　　●　●　_____

REPAS

ML/OZ　　　　　DESCRIPTION

__ h __　🍼 ____　🍽 _____

__ h __　🍼 ____　🍽 _____

__ h __　🍼 ____　🍽 _____

__ h __　🍼 ____　🍽 _____

__ h __　🍼 ____　🍽 _____

__ h __　🍼 ____　🍽 _____

DODO　　DESCRIPTION

__ h __　_____

__ h __　_____

__ h __　_____

__ h __　_____

__ h __　_____

__ h __　_____

ANECDOTE/ PRÉOCCUPATION :

_____

_____

_____

_____

_____

_____

A FOURNIR :

_____

_____

_____

HUMEUR :

Date :   Arrivée : __ h __   Départ : __ h __

PARENT -> NOUNOU

J'ai dormi : _____   jusqu'à : __ h __   changé à : __ h __

Mon dernier repas à : __ h __   Type : _____ ML/OZ

En ce moment, je mange : _____

Je suis :

Il me faut un traitement :   Non   Oui (Page 3)

NOUNOU -> PARENT

COUCHES   DESCRIPTION

   __ h __   ● ● _____

   __ h __   ● ● _____

   __ h __   ● ● _____

   __ h __   ● ● _____

   __ h __   ● ● _____

   __ h __   ● ● _____

REPAS

       ML/OZ   DESCRIPTION

__ h __   📷 ____   🍽 _____

__ h __   📷 ____   🍽 _____

__ h __   📷 ____   🍽 _____

__ h __   📷 ____   🍽 _____

__ h __   📷 ____   🍽 _____

__ h __   📷 ____   🍽

DODO   DESCRIPTION

   __ h __   _____

   __ h __   _____

   __ h __   _____

   __ h __   _____

   __ h __   _____

   __ h __   _____

ANECDOTE/ PRÉOCCUPATION :

_____

_____

_____

_____

_____

_____

A FOURNIR :

_____

_____

_____

HUMEUR :

Date : Arrivée : __ h __ Départ : __ h __

PARENT -> NOUNOU

J'ai dormi : _____ jusqu'à : __ h __ changé à : __ h __

Mon dernier repas à : __ h __ Type : _____ ML/OZ

En ce moment, je mange : _____

Je suis :

Il me faut un traitement : Non Oui (Page 3)

NOUNOU -> PARENT

COUCHES DESCRIPTION

__ h __ _____

__ h __ _____

__ h __ _____

__ h __ _____

__ h __ _____

__ h __ _____

DODO DESCRIPTION

__ h __ _____

__ h __ _____

__ h __ _____

__ h __ _____

__ h __ _____

__ h __ _____

A FOURNIR :

_____

_____

_____

REPAS

ML/OZ DESCRIPTION

__ h __ ____ _____

__ h __ ____ _____

__ h __ ____ _____

__ h __ ____ _____

__ h __ ____ _____

__ h __ ____ _____

ANECDOTE/ PRÉOCCUPATION :

_____

_____

_____

_____

_____

_____

HUMEUR :

Date :   Arrivée : __ h __   Départ : __ h __

PARENT -> NOUNOU

J'ai dormi : _____   jusqu'à : __ h __   changé à : __ h __

Mon dernier repas à : __ h __   Type : _____ ML/OZ

En ce moment, je mange : _____

Je suis :

Il me faut un traitement :   Non   Oui (Page 3)

NOUNOU -> PARENT

COUCHES   DESCRIPTION

__ h __   ⚫ ⚫   _____
__ h __   ⚫ ⚫   _____
__ h __   ⚫ ⚫   _____
__ h __   ⚫ ⚫   _____
__ h __   ⚫ ⚫   _____
__ h __   ⚫ ⚫   _____

REPAS
ML/OZ   DESCRIPTION

__ h __   🍼 ____   🍽 _____
__ h __   🍼 ____   🍽 _____
__ h __   🍼 ____   🍽 _____
__ h __   🍼 ____   🍽 _____
__ h __   🍼 ____   🍽 _____
__ h __   🍼 ____   🍽 _____

DODO   DESCRIPTION

__ h __   _____
__ h __   _____
__ h __   _____
__ h __   _____
__ h __   _____
__ h __   _____

ANECDOTE/ PRÉOCCUPATION :

_____
_____
_____
_____
_____
_____

A FOURNIR :

_____
_____
_____

HUMEUR :

Date :   Arrivée : __ h __   Départ : __ h __

PARENT -> NOUNOU

J'ai dormi : _____   jusqu'à : __ h __   changé à : __ h __

Mon dernier repas à : __ h __   Type : _____ ML/OZ

En ce moment, je mange : _____

Je suis :   🦷   🦷   👃   🩹   👂   👶   💉

Il me faut un traitement :   Non   Oui (Page 3)

NOUNOU -> PARENT

COUCHES   DESCRIPTION

__ h __   ● ●   _____

__ h __   ● ●   _____

__ h __   ● ●   _____

__ h __   ● ●   _____

__ h __   ● ●   _____

__ h __   ● ●   _____

REPAS

      ML/OZ   DESCRIPTION

__ h __   🍼 ____   🍽 _____

__ h __   🍼 ____   🍽 _____

__ h __   🍼 ____   🍽 _____

__ h __   🍼 ____   🍽 _____

__ h __   🍼 ____   🍽 _____

__ h __   🍼 ____   🍽 _____

DODO   DESCRIPTION

__ h __   _____

__ h __   _____

__ h __   _____

__ h __   _____

__ h __   _____

__ h __   _____

ANECDOTE/ PRÉOCCUPATION :

_____

_____

_____

_____

_____

_____

A FOURNIR :

_____

_____

_____

HUMEUR :

😒 😴 🤧 😭 😊 😤 😐 🤒

Date : _____   Arrivée : __ h __   Départ : __ h __

PARENT -> NOUNOU

J'ai dormi : _____   jusqu'à : __ h __   changé à : __ h __

Mon dernier repas à : __ h __   Type : _____ ML/OZ

En ce moment, je mange : _____

Je suis :   🦷 🥢 👃 🩹 👂 👶 💉

Il me faut un traitement :   Non   Oui (Page 3)

NOUNOU -> PARENT

COUCHES 💩 💧   DESCRIPTION

__ h __   ● ●   _____
__ h __   ● ●   _____
__ h __   ● ●   _____
__ h __   ● ●   _____
__ h __   ● ●   _____
__ h __   ● ●   _____

REPAS

	ML/OZ		DESCRIPTION
__ h __	🍼 ____	🍽	_____
__ h __	🍼 ____	🍽	_____
__ h __	🍼 ____	🍽	_____
__ h __	🍼 ____	🍽	_____
__ h __	🍼 ____	🍽	_____
__ h __	🍼 ____	🍽	_____

DODO 😴   DESCRIPTION

__ h __   _____
__ h __   _____
__ h __   _____
__ h __   _____
__ h __   _____
__ h __   _____

ANECDOTE/ PRÉOCCUPATION :

_____
_____
_____
_____
_____

A FOURNIR :

_____
_____
_____

HUMEUR :

😐 😴 😣 😱 😊 😝 😶 🤒

Date :   Arrivée : __ h __   Départ : __ h __

PARENT -> NOUNOU

J'ai dormi : _____   jusqu'à : __ h __   changé à : __ h __

Mon dernier repas à : __ h __   Type : _____ ML/OZ

En ce moment, je mange : _____

Je suis :   🦷 🥄 👃 🩹 👂 👶 💉

Il me faut un traitement :   Non   Oui (Page 3)

NOUNOU -> PARENT

COUCHES

__ h __	● ●	_____
__ h __	● ●	_____
__ h __	● ●	_____
__ h __	● ●	_____
__ h __	● ●	_____
__ h __	● ●	_____

REPAS

ML/OZ   DESCRIPTION

__ h __	🍼 ____	🍽 _____
__ h __	🍼 ____	🍽 _____
__ h __	🍼 ____	🍽 _____
__ h __	🍼 ____	🍽 _____
__ h __	🍼 ____	🍽 _____
__ h __	🍼 ____	🍽 _____

DODO

DESCRIPTION

__ h __	_____
__ h __	_____
__ h __	_____
__ h __	_____
__ h __	_____
__ h __	_____

ANECDOTE/ PRÉOCCUPATION :

_____
_____
_____
_____
_____
_____

A FOURNIR :

_____
_____
_____

HUMEUR :

😨 😴 🤧 😭 😌 🤮 😣 🤒

Date :   Arrivée : __ h __   Départ : __ h __

PARENT -> NOUNOU

J'ai dormi : _____   jusqu'à : __ h __   changé à : __ h __

Mon dernier repas à : __ h __   Type : _____ ML/OZ

En ce moment, je mange : _____

Je suis :   🦷 ✏ 👃 🩹 👂 👶 💉

Il me faut un traitement :   Non   Oui (Page 3)

NOUNOU -> PARENT

COUCHES 🔺 💧   DESCRIPTION

__ h __   ⚫ ⚫   _____
__ h __   ⚫ ⚫   _____
__ h __   ⚫ ⚫   _____
__ h __   ⚫ ⚫   _____
__ h __   ⚫ ⚫   _____
__ h __   ⚫ ⚫   _____

REPAS

	ML/OZ	DESCRIPTION
__ h __ 🍼 ____	🍽	_____
__ h __ 🍼 ____	🍽	_____
__ h __ 🍼 ____	🍽	_____
__ h __ 🍼 ____	🍽	_____
__ h __ 🍼 ____	🍽	_____
__ h __ 🍼 ____	🍽	_____

DODO 💤   DESCRIPTION

__ h __   _____
__ h __   _____
__ h __   _____
__ h __   _____
__ h __   _____
__ h __   _____

ANECDOTE/ PRÉOCCUPATION :

_____
_____
_____
_____
_____
_____

A FOURNIR :

_____
_____
_____

HUMEUR :

😷 😴 😣 😟 😊 😠 😐 🤒

Date : Arrivée : __ h __ Départ : __ h __

PARENT -> NOUNOU

J'ai dormi : _____ jusqu'à : __ h __ changé à : __ h __

Mon dernier repas à : __ h __ Type : _____ ML/OZ

En ce moment, je mange : _____

Je suis : 🦷 🍴 👃 🩹 👂 👶 💉

Il me faut un traitement : Non Oui (Page 3)

NOUNOU -> PARENT

COUCHES 💧 💩 DESCRIPTION

__ h __ ● ● _____
__ h __ ● ● _____
__ h __ ● ● _____
__ h __ ● ● _____
__ h __ ● ● _____
__ h __ ● ● _____

REPAS

ML/OZ		DESCRIPTION
__ h __ 🍼 ----	🍽	_____
__ h __ 🍼 ----	🍽	_____
__ h __ 🍼 ----	🍽	_____
__ h __ 🍼 ----	🍽	_____
__ h __ 🍼 ----	🍽	_____
__ h __ 🍼 ----	🍽	_____

DODO 😴 DESCRIPTION

__ h __ _____
__ h __ _____
__ h __ _____
__ h __ _____
__ h __ _____
__ h __ _____

ANECDOTE/ PRÉOCCUPATION :

_____
_____
_____
_____
_____
_____

A FOURNIR :

_____
_____
_____

HUMEUR :

😳 😴 😠 😢 😊 😖 😐 🤒

Date :   Arrivée : __ h __   Départ : __ h __

PARENT -> NOUNOU

J'ai dormi : _____ jusqu'à : __ h __ changé à : __ h __

Mon dernier repas à : __ h __   Type : _____ ML/OZ

En ce moment, je mange : _____

Je suis :

Il me faut un traitement : Non   Oui (Page 3)

NOUNOU -> PARENT

REPAS

COUCHES

		DESCRIPTION
__ h __	⬤ ⬤	_____
__ h __	⬤ ⬤	_____
__ h __	⬤ ⬤	_____
__ h __	⬤ ⬤	_____
__ h __	⬤ ⬤	_____
__ h __	⬤ ⬤	_____

ML/OZ   DESCRIPTION

__ h __	🍼 ____	🍽	_____
__ h __	🍼 ____	🍽	_____
__ h __	🍼 ____	🍽	_____
__ h __	🍼 ____	🍽	_____
__ h __	🍼 ____	🍽	_____
__ h __	🍼 ____	🍽	_____

DODO

	DESCRIPTION
__ h __	_____
__ h __	_____
__ h __	_____
__ h __	_____
__ h __	_____
__ h __	_____

ANECDOTE/ PRÉOCCUPATION :

_____

_____

_____

_____

_____

A FOURNIR :

_____

_____

_____

HUMEUR :

Date :   Arrivée : __ h __   Départ : __ h __

PARENT -> NOUNOU

J'ai dormi : _____   jusqu'à : __ h __   changé à : __ h __

Mon dernier repas à : __ h __   Type : _____ ML/OZ

En ce moment, je mange : _____

Je suis :

Il me faut un traitement :   Non   Oui (Page 3)

NOUNOU -> PARENT

COUCHES   DESCRIPTION

__ h __   ● ●   _____

__ h __   ● ●   _____

__ h __   ● ●   _____

__ h __   ● ●   _____

__ h __   ● ●   _____

__ h __   ● ●   _____

REPAS

         ML/OZ   DESCRIPTION

__ h __   🍼 ____   🍽 _____

__ h __   🍼 ____   🍽 _____

__ h __   🍼 ____   🍽 _____

__ h __   🍼 ____   🍽 _____

__ h __   🍼 ____   🍽 _____

__ h __   🍼 ____   🍽 _____

DODO   DESCRIPTION

__ h __   _____

__ h __   _____

__ h __   _____

__ h __   _____

__ h __   _____

__ h __   _____

ANECDOTE/ PRÉOCCUPATION :

_____

_____

_____

_____

_____

_____

A FOURNIR :

_____

_____

_____

HUMEUR :

Date : _____   Arrivée : __ h __   Départ : __ h __

PARENT -> NOUNOU

J'ai dormi : _____ jusqu'à : __ h __   changé à : __ h __

Mon dernier repas à : __ h __   Type : _____ ML/OZ

En ce moment, je mange : _____

Je suis : 🦷 🌡 👃 🩹 👂 👶 💉

Il me faut un traitement :   Non   Oui (Page 3)

NOUNOU -> PARENT

REPAS

COUCHES 💩 💧   DESCRIPTION

__ h __	● ●	_____
__ h __	● ●	_____
__ h __	● ●	_____
__ h __	● ●	_____
__ h __	● ●	_____
__ h __	● ●	_____

ML/OZ   **DESCRIPTION**

__ h __	🍼 ____	🍽	_____
__ h __	🍼 ____	🍽	_____
__ h __	🍼 ____	🍽	_____
__ h __	🍼 ____	🍽	_____
__ h __	🍼 ____	🍽	_____
__ h __	🍼 ____	🍽	_____

DODO 😴   DESCRIPTION

__ h __	_____
__ h __	_____
__ h __	_____
__ h __	_____
__ h __	_____
__ h __	_____

ANECDOTE/ PRÉOCCUPATION :

_____

_____

_____

_____

_____

A FOURNIR :

_____

_____

_____

HUMEUR :

😦 😴 😆 😢 😊 😫 😑 🤒

Date :   Arrivée : __ h __   Départ : __ h __

PARENT -> NOUNOU

J'ai dormi : _____   jusqu'à : __ h __   changé à : __ h __

Mon dernier repas à : __ h __   Type : _____ ML/OZ

En ce moment, je mange : _____

Je suis :

Il me faut un traitement :   Non   Oui (Page 3)

NOUNOU -> PARENT

COUCHES   DESCRIPTION

__ h __   ● ●   _____
__ h __   ● ●   _____
__ h __   ● ●   _____
__ h __   ● ●   _____
__ h __   ● ●   _____
__ h __   ● ●   _____

REPAS

ML/OZ   DESCRIPTION

__ h __   ● _____   ● _____
__ h __   ● _____   ● _____
__ h __   ● _____   ● _____
__ h __   ● _____   ● _____
__ h __   ● _____   ● _____
__ h __   ● _____   ● _____

DODO   DESCRIPTION

__ h __   _____
__ h __   _____
__ h __   _____
__ h __   _____
__ h __   _____
__ h __   _____

ANECDOTE/ PRÉOCCUPATION :

_____
_____
_____
_____
_____
_____

A FOURNIR :

_____
_____
_____

HUMEUR :

Date : _____   Arrivée : __ h __   Départ : __ h __

PARENT -> NOUNOU

J'ai dormi : _____ jusqu'à : __ h __   changé à : __ h __

Mon dernier repas à : __ h __   Type : _____ ML/OZ

En ce moment, je mange : _____

Je suis :

Il me faut un traitement :   Non   Oui (Page 3)

NOUNOU -> PARENT

REPAS

COUCHES   DESCRIPTION   ML/OZ   DESCRIPTION

__ h __   ● ●   _____   __ h __   ⊙ ____   🍽 _____

__ h __   ● ●   _____   __ h __   ⊙ ____   🍽 _____

__ h __   ● ●   _____   __ h __   ⊙ ____   🍽 _____

__ h __   ● ●   _____   __ h __   ⊙ ____   🍽 _____

__ h __   ● ●   _____   __ h __   ⊙ ____   🍽 _____

__ h __   ● ●   _____   __ h __   ⊙ ____   🍽 _____

DODO   DESCRIPTION   **ANECDOTE/ PRÉOCCUPATION :**

__ h __   _____   _____

__ h __   _____   _____

__ h __   _____   _____

__ h __   _____   _____

__ h __   _____   _____

__ h __   _____   _____

A FOURNIR :   **HUMEUR :**

_____

_____

_____

Date :   Arrivée : __ h __   Départ : __ h __

PARENT -> NOUNOU

J'ai dormi : _____   jusqu'à : __ h __   changé à : __ h __

Mon dernier repas à : __ h __   Type : _____ ML/OZ

En ce moment, je mange : _____

Je suis :   🦷 🦴 👃 🩹 👂 👶 💉

Il me faut un traitement :   Non   Oui (Page 3)

NOUNOU -> PARENT

COUCHES   DESCRIPTION

__ h __   ● ●   _____

__ h __   ● ●   _____

__ h __   ● ●   _____

__ h __   ● ●   _____

__ h __   ● ●   _____

__ h __   ● ●   _____

REPAS

        ML/OZ   DESCRIPTION

__ h __   🍼 ____   🍽️ _____

__ h __   🍼 ____   🍽️ _____

__ h __   🍼 ____   🍽️ _____

__ h __   🍼 ____   🍽️ _____

__ h __   🍼 ____   🍽️ _____

__ h __   🍼 ____   🍽️ _____

DODO 😴   DESCRIPTION

__ h __   _____

__ h __   _____

__ h __   _____

__ h __   _____

__ h __   _____

__ h __   _____

ANECDOTE/ PRÉOCCUPATION :

_____

_____

_____

_____

_____

_____

A FOURNIR :

_____

_____

_____

HUMEUR :

😳 😴 😢 😡 😊 😤 😐 🤒

Date :   Arrivée : __ h __   Départ : __ h __

PARENT -> NOUNOU

J'ai dormi : _____ jusqu'à : __ h __   changé à : __ h __

Mon dernier repas à : __ h __   Type : _____ ML/OZ

En ce moment, je mange : _____

Je suis :

Il me faut un traitement :   Non   Oui (Page 3)

NOUNOU -> PARENT

COUCHES   DESCRIPTION

__ h __   ● ●   _____
__ h __   ● ●   _____
__ h __   ● ●   _____
__ h __   ● ●   _____
__ h __   ● ●   _____
__ h __   ● ●   _____

REPAS
ML/OZ   DESCRIPTION

__ h __   ● ____   _____
__ h __   ● ____   _____
__ h __   ● ____   _____
__ h __   ● ____   _____
__ h __   ● ____   _____
__ h __   ● ____   _____

DODO   DESCRIPTION

__ h __   _____
__ h __   _____
__ h __   _____
__ h __   _____
__ h __   _____
__ h __   _____

ANECDOTE/ PRÉOCCUPATION :

_____
_____
_____
_____
_____
_____

A FOURNIR :

_____
_____
_____

HUMEUR :

Date :   Arrivée : __ h __   Départ : __ h __

PARENT -> NOUNOU

J'ai dormi : _____   jusqu'à : __ h __   changé à : __ h __

Mon dernier repas à : __ h __   Type : _____ ML/OZ

En ce moment, je mange : _____

Je suis :

Il me faut un traitement : Non   Oui (Page 3)

NOUNOU -> PARENT

COUCHES   DESCRIPTION

__ h __   ⬤ ⬤   _____

__ h __   ⬤ ⬤   _____

__ h __   ⬤ ⬤   _____

__ h __   ⬤ ⬤   _____

__ h __   ⬤ ⬤   _____

__ h __   ⬤ ⬤   _____

REPAS

ML/OZ   DESCRIPTION

__ h __   🍼 ____   🍽 _____

__ h __   🍼 ____   🍽 _____

__ h __   🍼 ____   🍽 _____

__ h __   🍼 ____   🍽 _____

__ h __   🍼 ____   🍽 _____

__ h __   🍼 ____   🍽 _____

DODO   DESCRIPTION

__ h __   _____

__ h __   _____

__ h __   _____

__ h __   _____

__ h __   _____

__ h __   _____

ANECDOTE/ PRÉOCCUPATION :

_____

_____

_____

_____

_____

_____

A FOURNIR :

_____

_____

_____

HUMEUR :

Date :   Arrivée : __ h __   Départ : __ h __

PARENT -> NOUNOU

J'ai dormi : _____   jusqu'à : __ h __   changé à : __ h __

Mon dernier repas à : __ h __   Type : _____ ML/OZ

En ce moment, je mange : _____

Je suis :

Il me faut un traitement :   Non   Oui (Page 3)

NOUNOU -> PARENT

COUCHES   DESCRIPTION

__ h __   ● ●   _____

__ h __   ● ●   _____

__ h __   ● ●   _____

__ h __   ● ●   _____

__ h __   ● ●   _____

__ h __   ● ●   _____

REPAS

     ML/OZ   DESCRIPTION

__ h __   🍼 ____   🍽 _____

__ h __   🍼 ____   🍽 _____

__ h __   🍼 ____   🍽 _____

__ h __   🍼 ____   🍽 _____

__ h __   🍼 ____   🍽 _____

__ h __   🍼 ____   🍽 _____

DODO   DESCRIPTION

__ h __   _____

__ h __   _____

__ h __   _____

__ h __   _____

__ h __   _____

__ h __   _____

ANECDOTE/ PRÉOCCUPATION :

_____

_____

_____

_____

_____

_____

A FOURNIR :

_____

_____

_____

HUMEUR :

Printed in France by Amazon
Brétigny-sur-Orge, FR

20627028R00074